MARCO POLO

Französische Atlantikküste

Reisen mit Insider Tipps

Diesen Reiseführer schrieb Stefanie Bisping. Sie arbeitet als Reisejournalistin für Tageszeitungen, Magazine und Buchverlage.

www.marcopolo.de

Infos zu den beliebtesten Reisezielen im Internet, siehe auch Seite 106

SYMBOLE

Insider Tipp **MARCO POLO INSIDER-TIPPS:**
Von unserer Autorin für Sie entdeckt

★ **MARCO POLO HIGHLIGHTS:**
Alles, was Sie an der Französischen Atlantikküste kennen sollten

HIER HABEN SIE EINE SCHÖNE AUSSICHT

WO SIE JUNGE LEUTE TREFFEN

PREISKATEGORIEN

Hotels

€€€	über 100 Euro
€€	65–100 Euro
€	bis 65 Euro

Die Preise gelten für zwei Personen in der Hochsaison im Doppelzimmer ohne Frühstück. Einzelzimmer sind meist nur unwesentlich billiger.

Restaurants

€€€	über 40 Euro
€€	25–40 Euro
€	bis 25 Euro

Preise für ein typisches Dreigängemenü. Bei günstigen Menüs ist mitunter Tischwein inbegriffen. Ein À-la-carte-Essen ist wesentlich teurer.

KARTEN

[116 A1] Seitenzahlen und Koordinaten für den Reiseatlas Französische Atlantikküste

Karten von Biarritz, Bordeaux, La Rochelle und Nantes finden Sie im hinteren Umschlag.

Zu Ihrer Orientierung sind auch die Orte mit Koordinaten versehen, die nicht im Reiseatlas eingetragen sind.

GUT ZU WISSEN

Filmreife Kulisse **10** · Hohe Wellen **14**
Spezialitäten der Atlantikküste **20** · Strandlektüre **42**
Kampf mit der Kuh **70** · Force basque **81**

INHALT

Die wichtigsten MARCO POLO Highlights

Sehenswürdigkeiten, Orte und Erlebnisse, die Sie nicht verpassen sollten

1. **Erlebnismuseum Escal' Atlantic**
Für Schiffs- und Reisefans: nostalgische Atlantikquerung im zum Erlebnismuseum umgestalteten ehemaligen U-Boot-Hafen von Saint-Nazaire (Seite 31)

2. **Pornic**
Der ganze Charme des Südens mit Hafen, Badebuchten und hübscher Altstadt (Seite 35)

3. **Île d'Oléron**
Hübsche Dörfer wie La Cotinière, viel Platz für Radler und jede Menge Strand (Seite 39)

4. **Île de Ré**
Inselidyll mit einem guten Schuss Glamour – ein atlantisches Sylt (Seite 43)

5. **Altstadt**
Die Altstadt von La Rochelle um den Vieux Port und der größte Yachthafen Europas sind die Trümpfe der lebendigen Stadt (Seite 46)

6. **Île de Noirmoutier**
Salzgärten, duftende Pinienwälder und weiße Strände (Seite 50)

7. **Dune du Pilat**
Von der höchsten Düne Europas öffnen sich phantastische Blicke auf die Bucht von Arcachon und die Wälder der Landes (Seite 60)

Spektakulär zwischen Ozean und Wald: Dune du Pilat bei Arcachon

Winzerstädtchen Saint-Émilion

8 Musée d'Art Contemporain CAPC
Avantgardistische Kunst in einem der besten Museen von Bordeaux (Seite 64)

9 Saint-Émilion
Ein Weindorf wie gemalt: mittelalterliche Gassen, Weinberge und Spitzenrestaurants (Seite 67)

10 Pauillac
Weinselig von Schloss zu Schloss im Médoc – zu den besten Gewächsen der Welt (Seite 72)

11 Phare de Cordouan
Die Bootsfahrt zum ältesten Leuchtturm Europas in der Girondemündung ist ein Erlebnis (Seite 75)

12 Grande Plage
Der größte Strand des Surferdorados Biarritz ist einer der schicksten in Europa (Seite 81)

Europas Surfmetropole: Biarritz

13 Hossegor
Einer der schönsten Badeplätze der Küste und zugleich Treffpunkt einer internationalen Surfgemeinde (Seite 84)

14 Saint-Jean-de-Luz
Wunderhübsches baskisches Fischerdorf mit jeder Menge südlichem Flair (Seite 84)

15 Corniche Basque
Wunderschöne Route von Saint-Jean-de-Luz entlang der baskischen Küste zur spanischen Grenze (Seite 87)

★ *Die Highlights sind in der Karte auf dem hinteren Umschlag eingetragen*

Entdecken Sie die Französische Atlantikküste!

Frankreichs milder Westen lockt mit endlosen Stränden, intakten Landschaften, schicken Seebädern und idyllischen Fischerdörfern

Die Zehen im weichen Sand, der Blick, wo sich Meer und Himmel treffen. Strandsegler sausen am Wasser entlang, die letzten Sonnenanbeter schütteln Sand aus ihren Handtüchern. In den Restaurants weiter oben am Strand klappern Kellner mit Geschirr. Bald werden sie Schaltiere auf Etageren türmen und gekühlte Weißweinflaschen entkorken. Das sprichwörtliche Savoir-vivre der Franzosen gehört zu den größten Vorzügen eines Urlaubs an der Atlantikküste. Den Rest erledigen Land und Landschaft: beinah unendliche Strände, sauberes Wasser, idyllische Fischerdörfer, geschichtsträchtige Städte und nicht zuletzt die 500 Weinschlösser rund um Bordeaux.

Abwechslung ist das Schlüsselwort für die Region, die sich von der südlichen Bretagne über die weite, flache Marschlandschaft der Vendée und die Pinien- und Kiefernwälder der Landes bis hin zur Felsenküste des Baskenlands erstreckt. Eine erste Perle in der langen Kette von Badeorten ist La Baule, ein Traditionsseebad mit herrlichem Strand, wunderschönen alten Villen und stilechtem Kasino. Bereits zur südlich sich anschließenden Côte de Lumière gehören die Inseln Noirmoutier und Yeu: ganz ohne Hochhäuser, dafür mit breiten Stränden, einem großen Netz von Radwegen und blühenden Malven vor Ferienhäusern und kleinen Hotels. Wer sich für Inseln begeistert, hat bei La Rochelle mit der Île de Ré und der Île d'Oléron zwei weitere Ziele, auf denen sich – insbesondere im Falle Rés – im

Die über 100 m hohe Dune du Pilat bei Arcachon ist die größte in Europa

Herrlich altmodisch: die bunten Strandzelte in Biarritz

Geschichtstabelle

7. Jh. v. Chr. Kelten wandern in den Westen Frankreichs ein

56 v. Chr. Cäsar erobert Gallien, Gründung römischer Siedlungen

1. Jh. n. Chr. Römer machen den Weinbau in Westfrankreich bekannt

5.–8. Jh. Fall des Weströmischen Reichs, Eroberung durch Westgoten und fränkische Merowinger, später Karolinger

800 Krönung Karls des Großen zum Kaiser. Das Reich der Franken wird unter den Karolingern zum wichtigen Machtfaktor in Europa

12. Jh. Herzogin Eleonore von Aquitanien heiratet Heinrich Plantagenet, der wenig später König von England wird. Durch die Allianz entsteht das größte Reich Europas. Der Weinhandel mit England sorgt für den Aufstieg von Bordeaux und Bayonne

1337–1453 Hundertjähriger Krieg zwischen Frankreich und England, Sieg Frankreichs in der Schlacht von Castillon-la-Bataille

1562–1598 Religionskriege zerrütten Frankreich. 1598 Edikt von Nantes: protestantische Hugenotten werden nicht länger verfolgt

1643–1715 Der absolutistische »Sonnenkönig« Ludwig XIV. führt Frankreich zu einer kulturellen und wirtschaftlichen Blüte

1685 Edikt von Nantes wird im Edikt von Fontainebleau außer Kraft gesetzt; massenhafte Flucht der Hugenotten

1789–99 Französische Revolution. Die liberalen Girondisten aus dem Département Gironde sind zunächst führend, werden aber bald Opfer der Guillotinen der radikaleren Jakobiner. Widerstand in der königstreuen Vendée

1799–1815 Herrschaft Napoléons I.

1823 Arcachon wird Seebad

1914 Bordeaux wird im Ersten Weltkrieg Sitz der Regierung, die das belagerte Paris verlässt

1940 Paris ist von Deutschen besetzt, Bordeaux wird neuerlich Regierungssitz

1966 Eine Brücke verbindet die Île d'Oléron mit dem Festland

1988 Eine Brücke verbindet auch die Île de Ré mit dem Festland

2003 Die Havarie des Ende 2002 vor Galicien gesunkenen Öltankers »Prestige« bedroht auch die Strände der Atlantikküste

2006 Ségolène Royal, seit 2004 Präsidentin der Region Poitou-Charentes, wird von den Sozialisten zur französischen Präsidentschaftskandidatin gekürt

Ein Hochsitz für die Jäger des Meeres: Senknetzfischerei vor Oléron

Sommer halb Paris trifft. Kilometerlange Brücken erleichtern (wie auf Noirmoutier) das Hinkommen. In den Wäldern verbergen sich schicke Villen, meist Sommersitze Pariser Prominenz. Die kommt aus gutem Grund, vereinen die Inseln doch eine intakte Landschaft aus Salzgärten und schöner Küste mit einem gastronomischen Angebot, das sich hinter dem der Hauptstadt kaum verstecken muss.

Jenseits der breiten Mündung der Gironde schließt sich die Côte d'Argent an. Sie ist geprägt von einem endlosen Band breiter Sandstrände und den Wäldern und Strandseen der Landes. Die Landes, die südlich des Bassin d'Arcachon beginnen, eines Binnenmeers mit ungezählten Wassersportmöglichkeiten, sind dünn besiedelt: Nur 34 Menschen teilen sich dort einen Quadratkilometer – im Gegensatz zu über 100 im Landesdurchschnitt. Das Land ist weit und flach, Reiter und Radler finden hier Hunderte Kilometer Wege. Viele davon führen durch den Küstenwald, den man anpflanzte, um Wind und Wanderdünen daran zu hindern, das Land zu vereinnahmen. Ergebnis ist das mit 10 000 km² größte Waldgebiet Europas. Er ist mit seinen Kiefern und Pinien heute ein ebenso wichtiger wie ansehnlicher Wirtschaftsfaktor der Côte d'Argent.

> *Unendliche Strände und sauberes Wasser*

Südlich von Capbreton und Hossegor verändert sich die Landschaft noch einmal. Die Côte Basque ist eine Welt für sich: Zerklüftete Steilküsten, das schicke Surfer- und Jet-Set-Seebad Biarritz, das wunderhübsche Hafenstädtchen Saint-Jean-de-Luz, die Pyrenäen im Hinterland, eine dem Französischen völlig fremde (Zweit-)

Sprache und eine alte Kultur, deren archaische Sportarten liebevoll gepflegt werden – das ist das Baskenland, wo Männer mit Baumstämmen werfen und ihre Kräfte beim Holzhacken messen.

Teils im Hinterland, teils direkt an der Küste liegen die Handelsstädte Nantes, La Rochelle und Bordeaux. Sie besitzen außer einem urbanen Unterhaltungs- und Einkaufsangebot jede Menge Kultur und Geschichte. Alle drei verdankten einen Teil ihres Reichtums dem Sklavenhandel. In ihren Häfen wurden Schiffe mit glitzerndem Plunder beladen, der in Westafrika gegen Menschen getauscht wurde. Die wurden in die Karibik verschifft und dort verkauft. Mit Indigo, Kaffee, Zucker und Kakao beladen, kehrten die Schiffe in ihre Heimathäfen zurück; das Geld, das die Fracht einbrachte, verwandelte sich in prachtvolle Paläste.

Schon mehr als anderthalb Jahrtausende zuvor hatten sich die Römer hier niedergelassen. Doch auch wenn sie die Südwestküste Galliens Aquitanien nannten (von *aqua* = Wasser), dreht sich hier nicht alles nur ums Wasser. Schließlich zeigten schon die Römer den Bewohnern, wie man aus Trauben Wein macht – ein Umstand, der die Geschichte der Gegend und den Alltag der Menschen nachhaltig prägen sollte. In Bordeaux nahm der Weinhandel in großem Stil seinen Anfang, er bescherte der Stadt jenen Wohlstand, der bis heute ihre – mittlerweile aufwändig restaurierte – Architektur prägt.

»Die Heimat der berühmtesten Rotweine der Welt«

Zwischen Royan und Soulac-sur-Mer wälzt sich breit wie ein Meeresarm die Gironde als größte Trichtermündung Europas in den Atlantik. 100 km weit dringt die Flut durch die Gironde ins Landesinnere vor. Ihr Westufer, das Médoc, ist die Heimat einiger der berühmtesten Rotweine der Welt. Und natürlich wäre dies nicht Frankreich, würden sich die Menschen nicht bestens

Filmreife Kulisse

So stimmen Sie sich cineastisch auf die Reise ein

Unverzichtbar zur Einstimmung ist der Klassiker »Die Ferien des Monsieur Hulot« (1953) von Jacques Tati. Der Film kommt fast ohne Sprache aus, schafft aber um so dichtere Urlaubsatmosphäre an der Atlantikküste. Neueren Datums sind »Pauline am Strand« (1982) von Eric Rohmer, der nicht ohne Witz die amourösen Abenteuer der jungen Pauline und ihrer älteren Cousine Marion am Atlantik erzählt, und »Unter dem Sand« (2001) von François Ozon. Charlotte Rampling spielt in dieser Geschichte von Verlust, Trauer und Lebenslügen eine Frau, deren Mann ins Meer schwimmen geht und nicht zurückkehrt.

Viele hübsche Städtchen wie etwa Rochefort verlocken zum Shoppingbummel

mit der Zubereitung der passenden Speisen auskennen. Fisch und Meeresfrüchte prägen die Speisekarten an der Küste, aus dem Hinterland kommen bodenständigere Genüsse wie Stopfleber und Entenbrust.

Trotz glanzvoller alter Seebäder wie Royan, Arcachon oder Biarritz ist die Französische Atlantikküste bodenständiger als weite Teile der Mittelmeerküste. An der Côte d'Argent liegt hinter den Dünen ein Campingplatz neben dem anderen, die Ufer der Binnenseen sind ein ideales Ziel für Familien mit Kindern. Das Preisgefüge ist deutlich familienfreundlicher als etwa zwischen Saint-Tropez und Nizza.

Schlüsselwörter Abwechslung und Vielseitigkeit

Und rund 500 km Strand lassen ahnen, dass die Atlantikküste ein Traumziel auch für Aktivurlauber ist. Wellen, Sand und Wind schaffen ideale Voraussetzungen zum Surfen, (Strand-)Segeln und Paragliden. Dank Flüssen und Binnenseen müssen auch Rafter, Angler und Bootssportler nichts entbehren, und wer die Kraft des Atlantiks fürchtet, findet an den Seen sichere Badeplätze. Viele von ihnen sind durch *courants,* durch Wasserläufe, miteinander verbunden; an ihren Ufern finden sich Urlaubsorte mit Ferienhäusern Campingplätzen, kleinen Hotels und umfassendem Sport- und Freizeitangebot.

Diese Vielseitigkeit ist es, die viele Urlauber immer wieder hierherzieht. Und irgendwo an dieser Küste, mit den Zehen im Sand und frischen Meeresfrüchten auf dem Teller, fällt Ihnen garantiert der alte Spruch vom Leben wie Gott in Frankreich ein. Sie werden sehen: Es ist etwas dran!

Frische Austern, hohe Wellen

Um diese Phänomene kommen Sie bei Ihrer Atlantikreise nicht herum: Eckpfeiler südwestfranzösischen Selbstverständnisses

Airbus

Auch wenn die Fertigstellung des A 380 länger dauert als geplant, sonnt man sich an der Côte d'Amour gerne im Ruhm des Riesenjumbo. Der Flugzeughersteller Airbus spielt hier eine wichtige Rolle. Das liegt in erster Linie an 2300 Arbeitsplätzen am Standort in Saint-Nazaire und weiteren 2000 in Nantes, die der nach dem Niedergang der Werftindustrie wirtschaftlich angeschlagenen Region entscheidende neue Impulse gegeben haben. Auch Urlauber können am Airbusenthusiasmus teilhaben: In Saint-Nazaire werden im Sommer regelmäßig Führungen für Touristen angeboten. Der Fliegerei ist man an Frankreichs Atlantikküste seit jeher verbunden: Schon in den Dreißigerjahren wurden an der Côte d'Argent Wasserflugzeuge getestet.

Austern

Anderswo sind sie Luxus, an der Atlantikküste gehören sie zum Alltag: Austern. Sie sind sowohl eine Leidenschaft der Küstenbewohner als auch ein Wirtschaftsfaktor: 110 000 t Austern schlürfen schließlich allein die Franzosen Jahr für Jahr. Während die Bänke bei Flut unsichtbar im Wasser liegen, prägen die *cabanes* das Bild der Küste: Hütten, in denen die Züchter die Austern verarbeiten und die frischesten (und preiswertesten) oft auch gleich verkaufen. Außer sorgfältiger Pflege und Verarbeitung spielen die Wasserqualität und -temperatur die größte Rolle beim Geschmack dieser Meeresfrucht. Zu den besten zählen die Austern von Marennes-Oléron bei La Rochelle – mit 40 000 t im Jahr das ergiebigste Zuchtbecken Europas – und die des Bassin d'Arcachon, wo optimale Wassertemperaturen und ein ideales Zusammenspiel von Salz- und Süßwasser herrschen. Auch die Gezeitenunterschiede sorgen für Frische. Bei Ebbe sind die Austern geschlossen; dann gehen die Züchter in ihre Bänke, um die Säcke mit den Meeresfrüchten darin umzudrehen – die unteren wachsen langsamer. Flutet das Meer zurück, öffnen sich die Austern, um Nahrung aufzunehmen. Drei bis vier Jahre dauert es, bis eine Auster auf dem Teller liegt. Zuvor haben die Austernfarmer sie bis zu 20-mal aus dem Wasser geholt, gereinigt, sortiert und zurück auf die Aus-

Einen Besuch in einem der Weinschlösser des Bordelais sollten Sie nicht versäumen

Hohe Wellen

Das ozeanische Temperament des Atlantiks lässt Surferherzen höher schlagen

Der Atlantik schlägt hohe Wellen: perfekt für Surfer, die im Golfe de Gascogne vor Saint-Jean-de-Luz, Hossegor und Biarritz ähnlich gute Bedingungen vorfinden wie vor Hawaii, Kalifornien oder Tahiti. Die Leidenschaft fürs Wellenreiten brachten in den Sechzigerjahren US-amerikanische Surfer von ihrer eigenen Westküste mit an die französische. Als sie auf der Suche nach anderen Küsten weiterzogen, ließen sie die Begeisterung für den Balanceakt auf dem Board zurück. Heute reist die Weltelite jeden Sommer zum Rip Curl Pro nach Hossegor, um die Wellenreiter ist eine ganze Industrie entstanden. Für »normale« Badeurlauber bedeuten die oft brachialen Wellen des Atlantiks sauberes Wasser, das auch im Juli und August kaum wärmer wird als 18, allenfalls 20 Grad. Wem das zum Plantschen und Schwimmen zu kühl ist, der findet in den Badeseen des Hinterlands eine ideale Alternative.

ternbänke gebracht. Am besten schmecken sie frisch, höchstens mit einem Spritzer Zitrone. Auch wenn Ihnen die Vorstellung, etwas Lebendiges zu essen, seltsam vorkommt: Probieren Sie! Sie schmecken nicht nur nach der Frische des Meeres, sie sind wegen ihres hohen Mineraliengehalts auch sehr gesund.

Basken

Das Volk im Volk: 250 000 Basken leben im Pays Basque im äußersten Südwesten Frankreichs, 2,5 Mio. im Norden Spaniens. Über die Grenze hinweg verbindet sie ihre eigentümliche Sprache *euskara,* die als die älteste in Europa gilt. Obwohl sie mittlerweile gefördert wird – Schilder etwa sind im Baskenland zweisprachig –, ist sie noch immer bedroht. Noch nicht einmal die Hälfte der Basken beherrscht sie, in Schulen wird sie nicht flächendeckend gelehrt. Baskische Traditionen wie das Pelotaspiel und archaische Kraftsportarten werden aber ebenso wie die baskische Architektur liebevoll gepflegt. Den französischen Basken ist ein eigener Staat anders als ihren Landsleuten in Spanien kein Anliegen, sie sind fest in Frankreich verwurzelt.

Eleonore von Aquitanien (Aliénor d'Aquitaine)

Dieser Frau werden Sie an der Küste immer wieder begegnen. Sie gibt Restaurants, Hotels und Straßen den Namen, sie hat einen festen Platz im Programm der Fremdenführer: Eleonore (ca. 1122–1204) war die Erbin des Herzogtums Aquitanien, wurde Königin von Frankreich und von England und war die vielleicht schillerndste Frauengestalt des Mittelalters. Dramatisch war auch ihre Biografie, und sie spielt an dieser Küste. Da aus der Verbindung mit

Ludwig VII. kein Sohn hervorging, wurde die Ehe 1152 annulliert. Noch im selben Jahr heiratete sie Heinrich von Plantagenet, Graf von Anjou und Herzog der Normandie, der als Heinrich II. König von England wurde. Zusammen kontrollierten die beiden den Südwesten Frankreichs und England. Aber auch zwischen ihnen krachte es: Heinrich flirtete fremd, Eleonore führte in Poitiers ihren eigenen Hof. Unter ihrem Einfluss erhoben sich die Söhne gegen den Vater, Heinrich kämpfte die Rebellion nieder und kerkerte Eleonore ein. Erst nach seinem Tod 1189 übernahm sie neuerlich das Zepter, bis sie 1204 starb.

Jakobsweg

Seit über 1000 Jahren wandern die Menschen zum mutmaßlichen Grab des Apostels Jakobus im spanischen Santiago de Compostela – die größte Pilgerbewegung des Abendlands. Ein Eremit hatte im 9. Jh. das lang gesuchte Grabmal des Märtyrers ausgerechnet im äußersten Westen Spaniens gefunden. Die Jakobsmuschel, seit dem 11. Jh. Symbol der Pilgerschaft, findet sich noch heute an vielen Sakralbauten Aquitaniens. Eine der vier Hauptpilgerrouten durch Frankreich, die sich in den Pyrenäen treffen, führt von Soulac-sur-Mer an der Girondemündung an der Atlantikküste entlang bis nach Saint-Jean-de-Luz. Der Küsten- oder »Engländerweg« (ihn wählten nämlich vor allem Engländer, aber auch Holländer und Bretonen) ist die direkteste Verbindung in die Pyrenäen. Heute ist er auf 550 km als Fahrradweg ausgebaut.

Pêche à pied

Jeden Tag lässt die Ebbe auf dem Strand eine gewaltige Meeresfrüchteplatte zurück. Dann ziehen Anwohner und Urlauber mit Schippen, Harken und Eimern los, um Muscheln, Austern und Krebse fürs

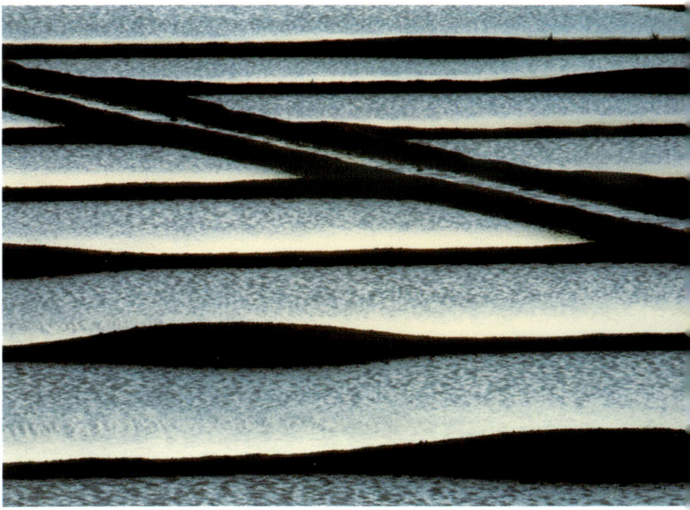

Einer der wenigen heute noch genutzten »Salzgärten«

Auch in Pornic finden Sie ein Zentrum für Thalassotherapie

Gelage am Abend einzusammeln. »Angeln zu Fuß« nennt man diese Ausflüge, die hier Volkssport sind. Erkundigen Sie sich bei der Touristeninformation über geschützte Gebiete und über die Mindestgröße der einzelnen Arten, bevor diese gesammelt werden dürfen!

Salzgärten

Die *marais salants,* die Salzgärten, reichten einstmals von der südlichen Bretagne bis zur Mündung der Gironde. Als sich später das Meer weiter zurückzog, versumpften die Salzgärten. Heute wird an der Küste wieder Salz gewonnen. Gewürzte Varianten und vor allem das kostbare *fleur de sel,* das sich nur an sehr heißen Tagen als hauchdünne Schicht an der Wasseroberfläche absetzt und mit einer Holzschaufel abgeschöpft wird, werden von Feinschmeckern geschätzt. Die Salzgärten bestehen aus Kanälen, die Meerwasser ins Landesinnere in flache, *aires* genannte Becken mit leichten Niveauunterschieden leiten. Das Wasser fließt, durch Schieber gesteuert, von einem Becken zum anderen. An der Oberfläche bildet sich eine rosafarbene Kristallschicht, die beim Trocknen weiß wird. Die kleinen Kristalle an der Oberfläche bilden den Kern, um den die größeren Kristalle des grauen Salzes entstehen. Dies wird in der Mitte des Beckens aufgehäuft, damit es abtropft, und schließlich am Rand der Saline zu den charakteristischen, pyramidenförmigen Salzbergen aufgetürmt, die man in der Vendée und auf den Inseln Noirmoutier und Ré sieht.

Thalassotherapie

Hinter dem Begriff Thalassotherapie verbergen sich Meerwasserkuren, die in den meisten Seebädern der Atlantikküste angeboten werden. Betreibt man dieses unter anderem aus Wassergymnastik, Meersprudelbädern, Massagen mit Jetstrahlduschen, Algen- und Schlickpackungen bestehende Unternehmen ernsthaft, sollte man eine Woche investieren, während der die Hälfte jedes Tages der Kur gewidmet ist. Aber auch ein Tag im Thalassospa kann äußerst wohltuend und entspannend sein. Thalassotherapie hilft bei Rückenleiden, Atemwegs- und Hautkrankheiten, Rheuma und Stress und verbessert das allgemeine Wohlbefinden. Sonne und Meerluft tun ein Übriges. Thalassohochburgen sind Arcachon, Biarritz, La Baule, Les Sables-d'Olonne und Pornic. Fast überall sind den direkt am Meer gelegenen Thalassozentren Hotels angeschlossen, die Pauschalen aus Unterkunft und Kur anbieten.

Wein

Seit der Römerzeit wird in Südwestfrankreich Wein angebaut. Nach dem Niedergang des Römischen Reichs waren es die Mönche, die sich der Freuden des Rebensafts erinnerten. Zum Riesengeschäft machte den Weinbau indes die Heirat von Eleonore von Aquitanien mit Heinrich Plantagenet: Durch diese Verbindung entstand ein lebhafter Handel mit England und mit den Hansestädten, von dem vor allem Bordeaux und Bayonne profitierten. Heute garantieren allein rund um Bordeaux ungefähr 8000 *châteaux,* wie die oftmals geradezu fürstlich anmutenden Weingüter heißen, dafür, dass Ihrer Probierlust hier allenfalls zeitliche Grenzen gesetzt sind. Das Bordelais ist mit einer Produktion von 700 Mio. Flaschen im Jahr das größte Weinbaugebiet der Welt. Zu den weltbekannten Spitzenerzeugnissen aus dem Bordelais gehören zum Beispiel die fünf *premiers crus classés* des 1500 *châteaux* zählenden Gebiets Médoc: Château Lafite-Rothschild, Château Latour und Château Mouton-Rothschild in Pauillac sowie, etwas weiter südlich, Château Margaux und Château Haut-Brion. Médoc und Haut-Médoc liegen in wunderschöner Landschaft an der Mündung der Gironde und sind von den dortigen Badeorten und vom Bassin d'Arcachon leicht zu erreichen.

In Saint-Émilion werden die Keller zur Beletage: Château Franc Mayne

Austern, Entenbrust und Spitzenweine

Feinschmecker sind hier richtig: Zu den Verlockungen der Atlantikküste gehören Fisch und Meeresfrüchte ebenso wie die deftigere Küche des Hinterlands

In Frankreich gilt das Kochen als Kunst und die Herstellung von Lebensmitteln als Kunsthandwerk, das keine Kompromisse duldet. Neben den großen Supermärkten mit ihren erstklassig bestückten Fisch-, Fleisch- und Käsetheken halten sich überall auch Bäcker, Konditoren, Fisch-, Gemüse- und Käsehändler sowie *chocolatiers.* Alles dreht sich um frische, unverfälschte Zutaten, möglichst aus der Region.

An der Küste dominieren Fisch und Meeresfrüchte das Angebot. Je weiter man ins Hinterland vordringt, umso deftiger wird gekocht: vom geschmorten Aal bis zum *cassoulet,* einem kräftigen Bohneneintopf aus dem Périgord, der durch ein *confit* von Entenkeulen oder -flügeln seine besondere Note erhält. Außer Stopfleber *(foie gras)* von Ente oder Gans und zarter Entenbrust *(magret de canard)* werden Entenkeulen *(cuisses)* und Entenfilet *(aiguillettes)* serviert, und selbst das Fett und die Innereien werden verarbeitet, z. B. die Mägen *(gésiers),* mit ihrem zarten, aromatischen Muskelfleisch.

Spezialität im La Cigale, der schönen Jugendstilbrasserie im Zentrum von Nantes, sind die plateaux de fruits de mer

Bordeaux ist für Steinpilze berühmt, die im Omelett oder als Beilage zum Entrecôte serviert werden. Aus Bazas und den Landes stammen Rinder, deren Fleisch besonders zart und schmackhaft ist. Weil sie bis heute nicht gezüchtet werden können, sind die schwarzen Trüffeln aus dem Périgord eine Spezialität, die ihren Preis hat. Doch reichen schon ein paar kleine Stücke, um Stopfleber, Geflügel oder auch ein Omelett mit unvergleichlichem Aroma zu veredeln.

Der kulinarische Start in den Tag ist leicht – und süß. Das Frühstück erschöpft sich im Hotel wie im Café zumeist in einem Milchkaffee *(café crème)* mit Croissant, Baguette, Butter und Marmelade. In den Küstenhotels ist das Angebot um frische Früchte und, mit Rücksicht auf die Gäste von der Insel, bisweilen um angelsächsische Eierspeisen erweitert.

Als Mittagessen sind an der Küste *moules frites* beliebt, Miesmuscheln mit Pommes frites, und immer findet sich auf der Karte auch ein *steak frites* und ein Salatteller mit und ohne Meeresfrüchte. Bars

Spezialitäten der Atlantikküste

Lassen Sie sich diese Köstlichkeiten gut schmecken!

agneau de pré-salé – besonders aromatisches Lamm von den Salzmarschweiden der Vendée

bordelaise, à la – auf Bordeaux-Art: mit Schalotten, Estragon und Rotweinsauce, z. B. zu Entrecôte

brébis (des Pyrénées) – Schafskäse (aus den Pyrenäen)

cassoulet – deftiger Bohneneintopf aus dem Périgord

chipirons (à l'encre) – kleine Tintenfische (in eigener Tinte)

confit de canard – im eigenen Fett eingemachte Entenkeulen und -flügel

coquilles Saint-Jacques – Jakobsmuscheln

foie gras – Fettleber von gemästeten Gänsen *(d'oie)* und Enten *(de canard)*

garbure – Kohlsuppe mit Fleisch

gâteau basque – baskischer Rührkuchen

huîtres – Austern; am verbreitetsten ist die *fine de claire* aus den Zuchtbecken

jambon de Bayonne – luftgetrockneter Schinken aus Bayonne

landaise, à la – nach Art der Landes: mit Knoblauch und Pinienkernen in Gänsefett gegart

loukinkos – baskische Knoblauchwurst

marmitako – baskisches Thunfischragout

mouclade – Miesmuscheln in sämiger Weißwein-Eigelb-Sauce, z. T. auch mit Curry

moules – Miesmuscheln

pipérade – baskisches Omelett mit Paprika und Tomate

plateau de fruits de mer – rohe – Austern *(huîtres)* und Muscheln *(coquillages)* – und gekochte – Garnelen *(crevettes)*, Meeresschnecken (*bulots* und *bigorneaux*), Seespinne *(araignée de mer)*, Taschenkrebs *(tourteau)*, Hummer *(homard)* oder Languste *(langouste)* – Krusten- und Schaltiere auf einer großen Platte

salmis – Ragout in würziger Sauce, z. B. *canard* (Ente) oder *palombe* (Taube)

truffes – schwarze Trüffeln aus dem Périgord

ttoro – baskische Fischsuppe mit Tomaten und Paprika

und Brasserien bieten fürs schnelle Mittagessen belegte Baguettes *(sandwich)* oder einen *croque monsieur*, einen überbackenen Toast mit Käse und Schinken. Ein halbes oder ganzes Dutzend Austern, das am Abend eher als Vorspeise gegessen wird, ist an der Küste ebenfalls überall zu haben – und zwar sehr preiswert. Sie werden meist roh serviert und höchstens mit einem Spritzer Zitrone beträufelt, bevor man sie mit einem Gäbelchen löst und aus der Schale schlürft.

Die wichtigste Mahlzeit im französischen Alltag ist das *dîner*, das zwischen 19 und 21.30 Uhr genossen wird – mit mehreren Gängen und immer mit Wein, das gilt für das volkstümliche Fischrestaurant am Hafen genauso wie für die Spitzengastronomie. Als Vorspeise werden meist Meeresfrüchte gereicht. Fischverächter müssen dennoch nicht darben: Es gibt auch Kräuterpasteten, Suppen und Salate, *foie gras* oder Schnecken. Der Hauptgang könnte ein perfekt gegartes Entrecôte sein (*saignant*, blutig, *à point*, medium, oder *bien cuit*, durchgebraten), Lamm, in Rotwein oder Cognac geschmorter Aal oder der Fang des Tages – entweder aus dem Meer oder Süßwasserfisch aus einem der Seen.

Eine ganze Palette köstlicher Ziegenkäse steht anschließend zur Wahl, zudem diverse Blauschimmelkäse und regionale Spezialitäten wie der Jonchée, ein Frischkäse aus Kuhmilch, der in der Gegend von Rochefort hergestellt wird. Zuletzt kommen die süßen Versuchungen: Klassiker wie eine *mousse au chocolat* oder aber lokale Köstlichkeiten wie der *broyé du Poitou*, ein knuspriger, mit Mandelsplittern verzierter Sandkuchen, der aufgrund seines reichlichen Buttergehalts nicht gerade leicht ist. Aber darauf kommt es nun auch nicht mehr an, und außerdem gibt es im Anschluss einen Cognac als Digestif.

Das wichtigste Getränk zu den Mahlzeiten ist in dieser Gegend natürlich Wein, vorzugsweise aus dem Bordelais. Doch wer mit Lust schnuppert und probiert, wird an der ganzen Küste wunderbare Weine entdecken. Im Médoc und in Saint-Émilion werden die großen Roten gekeltert, im Tal der Loire und im Entre-Deux-Mers südöstlich von Bordeaux hervorragende Weißweine. Lassen Sie sich beraten, welcher Wein am besten zu Ihrer Hauptspeise passt! Bei den Weißen sind zudem die Süßweine zu nennen, die ihren Reiz zu Dessert und Käse, aber auch zu *foie gras* entfalten. Am berühmtesten ist der Sauternes, der aus überreif gelesenen Sémillontrauben gekeltert wird.

Vor allem als Aperitif ist der Pineau des Charentes aus der Region Poitou-Charentes zu Ruhm gekommen, der zu drei Vierteln aus süßem Traubenmost und zu einem Viertel aus Cognac besteht. Er schmeckt aber auch als Dessertwein zu Melone und anderem Obst. Weißer Pineau, der aus der Rebsorte Saint-Émilion des Charentes gewonnen wird, ist trockener, Pineau rosé aus Cabernet- und Merlottrauben fruchtiger.

Auch das 800 km^2 große Anbaugebiet Cognac im Hinterland von Royan erstreckt sich bis an die Atlantikküste. Er wird vor allem nach dem Essen gereicht, kommt aber auch als Aperitif in Mode. In kleinen Schlucken genießen, sonst wird's nichts mehr mit dem Essen!

Fleur de Sel
le Guérandais

Für Küche, Keller und Kleiderschrank

Auf bunten Märkten, in hübschen Geschäften oder direkt beim Winzer werden Schauen und Shoppen zum Genuss

Shoppen und Schlemmen sind an der Atlantikküste eng miteinander verbunden. Dafür sorgen Märkte und fabelhafte Feinkostläden. Nicht nur Schokoholics werden sich beim Chocolatier wie im Himmel fühlen. Als Mitbringsel sind handgefertigte Schokoladen im Sommer weniger geeignet, für den Genuss an Ort und Stelle umso mehr. *Fleur de sel* aus Guérande oder von den Inseln lässt sich dagegen leicht verpacken.

Beim Winzer können Sie probieren und sich den Kofferraum voll laden. Gute Weine finden Sie im Tal der Loire und im Bordelais, Pineau des Charentes und Cognac in der Charente im Hinterland der Côte de Lumière. Lassen Sie sich beraten, welche Weine die Heimreise am besten überstehen!

Auch Küchenzubehör gibt schöne Souvenirs ab: vom Eierbecher aus Porzellan über Milchkaffeeschalen mit maritimen Mustern bis hin zu Geschirrtuch und Küchenschürze – an der nördlichen Atlantikküste in bretonischen Dessins, an der Côte Basque mit den traditionellen bunten Streifen. Diese Streifen zieren auch Tischdecken, Servietten und Kissenbezüge. Sie finden sie in Boutiquen in Biarritz, Bayonne und Saint-Jean-de-Luz, aber auch in den Dörfern des Baskenlands.

Wem Salz als Mitbringsel zu schnöde erscheint, der hat noch nie das kostbare fleur de sel gekostet

An den Küstenorten und in Nantes, La Rochelle und Bordeaux sind die meisten Modemarken aus Paris vertreten – jedoch nicht unbedingt zu günstigeren Preisen. Dafür wird in Frankreich der Sommerschlussverkauf gepflegt: Ungefähr zu Beginn der Ferien kann man echte Schnäppchen machen.

Kernöffnungszeiten sind Mo–Sa von 9 bis 19 Uhr. In Dörfern und Kleinstädten ist eine Mittagspause üblich, in den Ferienorten bleiben Boutiquen und Läden für Strand- und Surfbedarf durchgehend und auch abends länger offen, auch sonntags.

An der Küste finden im Hochsommer häufig Nachtmärkte (19 bis 22 Uhr) statt, bei denen Kunsthandwerk, Spezialitäten und Kleidung verkauft werden. Außer den Ateliers von Kunsthandwerkern lohnen Antiquitätengeschäfte einen Besuch. Die Ware ist nicht billig, aber originell und schön gearbeitet.

Feste, Events und mehr

Vom Kampf mit der Kuh bis zum Fest für den Fisch

Im Sommer ist an der Küste und im Hinterland jeder Grund für ein Fest recht. Achten Sie auf Transparente, erkundigen Sie sich im Office de Tourisme, und tauchen Sie ein! Die unblutigen Kuhkämpfe *(courses landaises)* finden fast an jedem

Fête de la mer in Pornic

Sommerwochenende in den Landes statt – Termine unter *www.course landaise.org*.

Feiertage

1. Januar *(Jour de l'An)*; **Ostermontag** *(Lundi de Pâques)*; **1. Mai** *(Fête du Travail)*; **8. Mai** (Kriegsende 1945); **Himmelfahrt** *(Ascension)*; **Pfingstmontag** *(Lundi de Pentecôte)*; **14. Juli** *(Fête Nationale)*; **15. August** *(Assomption)*; **1. November** *(Toussaint)*; **11. November** (Ende des Ersten Weltkriegs 1918); **25. Dezember** *(Noël)*

Feste und Veranstaltungen

Pfingsten

Saint-Gilles-Croix-de-Vie ist am Pfingstwochenende Kulisse des internationalen Jazzfestivals *Saint Jazz sur Vie*.

Juni

Ein Frühlingsfest mit Kostümumzug ist die *Fête du Printemps et Proclamation du Vin Nouveau* in Saint-Émilion am dritten Junisonntag, bei der die Winzer zugleich die Qualität des neuen Weins bekanntgeben. Bordeaux lädt in geraden Jahren Ende Juni/Anfang Juli zum Weinfest *Bordeaux Fête le Vin (www.bordeaux-fete-le-vin.com)*.

Juli

Bei der *Fête du Thon* am zweiten Wochenende in Saint-Jean-de-Luz gibt es Straßenmusik und jede Menge Thunfischköstlichkeiten. Am *Nationalfeiertag* (14. Juli) geht es überall rund; die Feierlichkeiten beginnen meist bereits am Vorabend, oft mit einem großen Feuerwerk. *La Rue au Jazz* lockt in der zweiten Julihälfte Jazzfans nach Bayonne.

Beim *Biarritz Surf Festival* trifft sich in der dritten Juliwoche die internationale Surfergemeinde; die besten Wellenreiterinnen der Welt kommen kurz vorher zum *Roxy Jam Biarritz*.

Juli/August

Mitte Juli (Wiederholung Mitte August) gibt es bei der *Fête de la Sardine* in La Turballe Unterhaltung und viele Kostproben.

Bei der *Bataille de Castillon (www.batailledecastillon.com)* in Castillon-la-Bataille wird alljährlich die Schlacht zwischen England und Frankreich nachgespielt, die 1453 das Ende des 100-jährigen Kriegs und der englischen Besatzung bedeutete.

Jazz and Wine verbinden sich an jedem Freitagabend im Juli und August im Yachthafen von Pauillac zu einer musikalischen Weinprobe.

August

Beim Festival der baskischen Kraftsportarten *Force Basque* messen sich Mitte August in Saint-Palais kräftige Männer im Tauziehen, Holzhacken und Steinestemmen.

Am Wochenende um den 15. treffen sich bei den *Regates du Bois de la Chaise* vor der Insel Noirmoutier über 140 Holzsegler.

Mitte August feiert Arcachon eine *Fête de la mer* mit Feuerwerk und einem Riesenpicknick am Strand.

Ein Riesenfeuerwerk wird auch bei der *Gala pyrotechnique* Mitte des Monats in Biarritz abgefackelt.

Das Jazz- und Weltmusikfestival *Les Rendezvous de l'Erdre (www.rendezvouserdre.com)* in Nantes findet an drei Tagen kurz vor Ferienende an den Ufern der Erdre statt.

7000 überwiegend kostümierte Läufer nehmen am *Médoc-Marathon (www.marathondumedoc.com)* Ende August teil.

September–März

Junge und etablierte Künstler und Orchester konzertieren im Rahmen Insider Tipp der *Musique au Cœur du Médoc* in *châteaux* und Klöstern des Médoc – mit anschließender Weinprobe.

Oktober

Bei der *Course des Garçons de Café* Ende des Monats in Saint-Émilion müssen die Kellner ein Tablett durch die Gassen balancieren.

Archaisch: Force Basque im August

Felsbuchten, Fischerdörfer und ein mondänes Seebad

Der elegante Badeort La Baule, die Salzgärten um Guérande und ein vielseitiges Hinterland zeichnen die abwechslungsreiche »Küste der Liebe« aus

Historisch gehört dieser Abschnitt der Französischen Atlantikküste teilweise zur südlichen Bretagne, über die ein separater MARCO POLO Band informiert. Heute zählt das Département Loire-Atlantique administrativ zur Region Pays-de-la-Loire, doch das bretonische Erbe ist im Bewusstsein der Menschen ganz lebendig: Immer wieder sieht man auf Ortsschildern den Graffitizusatz »en Bretagne«. Außer Nantes, einstmals Hauptstadt der Bretagne und heute des Pays-de-la-Loire, gehören das Traditionsseebad La Baule und die Hafenstadt Saint-Nazaire dazu. Auf der Halbinsel von Guérande wird – wie in der Vendée an der Côte de Lumière – seit Jahrhunderten Salz gewonnen. Erntezeit ist von Juni bis September, besichtigen kann man die Salzgärten das ganze Jahr über. An der Côte d'Amour schmiegen sich außerdem idyllische Fischerdörfer in Felsbuchten.

Ein Wechsel von Fels- und Sandstränden prägt das Bild der Küste bei Pornic

Flaches Sumpfland ist charakteristisch für das Hinterland der Côte d'Amour

Côte de Jade heißt der schon jenseits der Loiremündung gelegene Küstenstreifen, der sich von der Pointe de Saint-Gildas, einer bizarr geformten Felsenlandschaft, bis nach Pornic erstreckt.

LA BAULE

[116 A2] Der traditionsreiche Badeort (18 000 Ew.) auf der Halbinsel von Guérande wurde Anfang des 20. Jhs. als Seebad angelegt; vermögende Leute aus Paris ließen sich ihre Villen so bauen, wie sie sie aus den Seebädern der Normandie kannten. 2000 Häuser sind denk-

Holzreusen im betriebsamen Fischerhafen von Le Croisic

malgeschützt und machen neben dem fast 10 km langen, feinsandigen Strand und einem großen Freizeit- und Sportangebot den Reiz dieses Orts aus.

SEHENSWERTES

Front de Mer
Ein Bummel entlang der Villen von den Achtzigerjahren des 19. bis zu den Fünfzigerjahren des 20. Jhs. ist wie eine schnelle Frankreichreise: baskische, normannische, provenzalische Häuser säumen die schöne Bucht. Und natürlich jede Menge Hotels.

MUSEUM

Musée Aéronautique de la Presqu'île Côte d'Amour
Das Museum zeigt Fluggerät aus den Kindertagen der Fliegerei bis zu Maschinen aus den Siebzigerjahren. *Aérodrome de la Baule, Mo und Mi–Fr, Juli/Aug. tgl. 14–17 Uhr, www.mapica.org*

ESSEN & TRINKEN

Castel Marie-Louise
Spitzenküche von Eric Mignard mit regionalem Schwerpunkt im gleichnamigen Hotel. *In der Nebensaison Mo–Sa mittaags geschl., 1, Avenue Andrieu, Tel. 02 40 11 48 38,* **€€€**

Croisette
Preiswerte, gemütliche Brasserie mitten im Geschehen. *Tgl., 31, Place du Maréchal Leclerc, Tel. 02 40 60 73 00,* **€**

Le Tam Tam
Austern, Fisch und regionale Spezialitäten auf dem Strand. *Gegenüber Nr. 16, Boulevard Darlu, Tel. 02 40 24 26 47,* **€€**

La Véranda
Anspruchsvolle und originelle Küche im Hotel Bellevue Plage. *Mo und Mi, im Juli/Aug. nur Mo-Mittag geschl., 27, Boulevard de l'Océan, Tel. 02 40 60 57 77, www.restaurant-laveranda.com,* **€€€**

EINKAUFEN

Viele Boutiquen finden Sie an der *Avenue Pierre Loti.* Auf dem *Markt (Di–So, Avenue du Marché)* kann man nicht nur Salz und Souvenirs kaufen, sondern auch Austern zu einem Glas Wein schlürfen. Insider Tipp Probieren Sie *caramels au beurre salé,* die Mischung aus süßem Karamell und Salzbutter ist unwiderstehlich! Samstags trifft sich hier die ganze Stadt. Im Juli und August findet sonntagvormittags an der *Avenue des Ibis* ein *Markt für Kunsthandwerk* statt.

ÜBERNACHTEN

Hermitage Barrière
Eines der gediegensten Häuser am Platz – oder vielmehr: am Strand. *192 Zi., 5, Esplanade Lucien Barrière, Tel. 02 40 11 46 46, Fax 02 40 11 46 45, www.hermitage-barriere.com,* €€€

Insider Tipp **Le Saint-Christophe**
Unweit vom Strand liegt dieses auf mehrere Villen in einem schönen Garten verteilte Hotel voller Atmosphäre. *45 Zi., Place Notre Dame, Tel. 02 40 62 40 00, Fax 02 40 62 40 40, www.st-christophe.com,* €€

FREIZEIT & SPORT

Sie finden das gesamte Angebot eines großen Seebads von allen Wassersportarten über Fahrradverleiher bis zu Ausritten. Golfplätze gibt es in Guérande, Le Croisic, Mesquer und Saint-André-des-Eaux. Thalassotherapie bieten *Relais Thalasso La Baule (27, Boulevard de l'Océan, Tel. 08 20 90 32 44, www.relaisthalasso.com)* und *Thalgo La Baule (Avenue Marie-Louise, Tel. 02 40 11 99 99, Fax 02 40 60 55 17, www.thalasso-barriere.com).*

AM ABEND

Beliebte Clubs sind *Le Théâtre (10, Avenue Pavie)* und *L'Indiana Club* im Kasino *(Esplanade Lucien Barrière).*

AUSKUNFT

8, Place de la Victoire, Tel. 02 40 24 34 44, Fax 02 40 11 08 10, www.labaule.fr

ZIELE IN DER UMGEBUNG

Le Croisic **[116 A2]**
Der schöne Urlaubsort (4600 Ew.) mit Fischer- und Yachthafen liegt am Ende einer Halbinsel 10 km west-

MARCO POLO Highlights »Côte d'Amour«

★ **Pornic**
Der wunderschöne Küstenort an der Côte de Jade bezaubert mit seinem Hafen und aussichtsreichen Küstenwegen (Seite 35)

★ **Erlebnismuseum Escal'Atlantic**
Wer sich für Schiffe oder Reisen interessiert, wird in Saint-Nazaire Spaß haben (Seite 31)

lich von La Baule. Obwohl die Küste und ihre Badestellen von Felsen geprägt sind, tun sich hier bei Ebbe ansehnliche Sandbuchten auf. Fauna und Flora des Atlantiks präsentiert das *Océarium du Croisic (Avenue de Saint-Goustan, Juli/Aug. tgl. 10–19, sonst meist 10–12 und 14 bis 18 Uhr, www.ocearium-croisic.fr).*

An der Spitze der Halbinsel thront das elegante Hotelrestaurant *Le Fort de l'Océan (9 Zi., Restaurant Sept.–Juni Mo/Di, Juli Mo–Do mittags geschl., Aug. tgl., La Pointe du Croisic, Tel. 02 40 15 77 77, Fax 02 40 15 77 80, www.fort-ocean.com, €€€).* Vom Hafen verkehren Fähren zu den bretonischen Inseln Belle-Île, Houat und Hœdic. Auskunft: *Place du 18 juin 1940, Tel. 02 40 23 00 70, Fax 02 40 23 23 70, www.ot-lecroisic.com*

Guérande **[116 A2]**

6 km nördlich von La Baule liegt die Hauptstadt (14 000 Ew.) der Salzgärten. Eindrucksvoll ist die mittelalterliche Stadtmauer mit ihren Türmen und Toren. In den Salzgärten wird mit *fleur de sel* die Krönung des Meersalzes gewonnen. Besichtigung der Salzgärten mit Ausstellung: *Terre de Sel (Pradel, April–Mitte Juni und Mitte Sept.–Okt. Di–So 10.30–12.30 und 14.30–18, Mitte Juni–Mitte Sept. tgl. 9.30–12.30 und 14.30–19 Uhr).* Interessant ist das *Musée du Pays de Guérande (Porte Saint-Michel, April–Okt. Di–So 10–12.30 und tgl. 14.30–19 Uhr).* Es erläutert in einem der drei Stadttore auf drei Etagen die Geschichte von Stadt und Region. Auskunft: *1, Place du Marché aux Bois, Tel. 02 40 24 96 71, Fax 02 40 62 04 24, www.ot-guerande.fr*

Parc Naturel Régional de Brière **[116 A–B2]**

In der Marsch- und Sumpflandschaft des 490 km² großen Regionalparks kann man geführte Bootstouren durch die Kanäle unternehmen, z. B. von Saint-André-des-Eaux oder ab Saint-Lyphard. In bzw. bei *Saint-Lyphard* gibt es zwei vorzügliche Restaurants mit regionalen Spezialitäten (z. B. Aal in Salzkruste): *Auberge de Bréca (Sept. bis Juni Do und So-Abend geschl., Bréca, Tel. 02 40 91 41 42, €€€)* sowie *Auberge Les Typhas (Mi-Mittag und Di geschl., Rue du Vigonnet, Tel. 02 40 91 32 32, €€).* Auskunft: *38, Rue de la Brière, La Chapelle des Marais, Tel. 02 40 66 85 01, Fax 02 40 53 91 15, www.parc-naturel-briere.fr*

Insi Tip

Piriac-sur-Mer **[116 A2]**

Früher verbrachten hier Künstler und Schriftsteller ihre Ferien. Heute ist das 18 km nordwestlich von La Baule gelegene Städtchen (2000 Ew.) ein idyllischer und familienfreundlicher (s. Kapitel »Mit Kindern reisen«) Ferienort mit Badebuchten vor Pinienwald. Im Juli/August findet donnerstagabends auf der Place de l'Église ein Kunst- und Handwerksmarkt statt. Auskunft: *7, Rue des Cap-Horniers, Tel. 02 40 23 50 05, Fax 02 40 15 50 38, www.piriac.net*

Pornichet **[116 A2]**

Familienfreundliches Seebad (10 000 Ew.) am östlichen Ende der Bucht von La Baule mit drei Stränden. Besonders populär ist die 4 km lange *Plage Libraires,* die sanft abfällt. Die eleganten alten Fassaden und das Kasino zeugen von der Tradition Pornichets als Seebad. Thalassotherapie bietet das *Centre Daniel Jouvance (66, Boulevard des Océanides, Tel. 02 40 61 89 98, Fax 02 40 61 77 70, www.thalasso-danieljouvance.com)*. Auskunft: *3, Boulevard de la République, Tel. 02 40 61 33 33, Fax 02 40 11 60 88, www.pornichet.fr*

Saint-Brévin-les-Pins **[116 B2–3]**
Wegen seiner langen und besonders festen Sandstrände ist Saint-Brévin ideal für Strandsurfer. Das kleine Traditionsseebad an der Loiremündung bietet aber auch Wassersport aller Art, den Pinien-, Kiefern- und Eichenwald *Forêt de la Pierre Attelée* zum Wandern sowie ein Kasino. Auskunft: *10, Rue de l'Église, Tel. 02 40 27 24 32, Fax 02 40 39 10 34, www.mairie-saint-brevin.fr*

Saint-Nazaire **[116 B2]**
Saint-Nazaire (66 000 Ew.) liegt 14 km östlich von La Baule direkt an der Mündung der Loire, die von einer spektakulären Brücke überspannt wird. Die Stadt ist in erster Linie Hafen, Werft und Sitz der Airbuswerke, besitzt aber auch 20 Strände. An der *Plage de Saint-Marc* erinnert eine Statue von Monsieur Hulot daran, dass Jacques Tati hier 1953 seinen berühmten Film drehte.

Das ★ Erlebnismuseum *Escal'Atlantic (April–Sept. tgl., Okt.–März Mi–So 10–12.30 und 14–18, Mitte Juli–Mitte Aug. 10–19 Uhr)* fasziniert als ein im ehemaligen U-Boot-Hafen nachgebauter Transatlantikdampfer, wie sie in den Zwanziger- und Dreißigerjahren des 20. Jhs. von Saint-Nazaire aus den Atlantik in Richtung Amerika überquerten. Kabinen, Kommandobrücke und Promenadendecks sind authentisch hergerichtet. Die deutsche Armee baute den Hafen 1941, als sie Frankreich besetzt hielt, aus 500 000 m³ Beton. Dem Versuch der Alliierten, ihn zu zerstören, fie-

Der elegante Pont de Saint-Nazaire überspannt die Mündung der Loire

Rekordverdächtig: An der Kathedrale von Nantes wurde 459 Jahre gebaut

len 90 Prozent der Stadt zum Opfer. Der Hafen aber blieb. Ein Muss für Fans der Fliegerei ist das *Airbuswerk (Tel. 02 28 54 06 40)* am Hafen, wo neben anderen Typen der A 380 gebaut wird. Für die (französischsprachigen) Führungen muss man sich anmelden; im Sommer werden ab und zu englischsprachige Touren angeboten.

Frischen Fisch gibt es im Restaurant *La France (Plage de Saint-Marc, Tel. 02 40 91 96 27, €)*. Auskunft: *Boulevard de la Légion d'Honneur, Base sous-marine, Ville-Port, Tel. 08 10 88 84 44, Fax 02 40 22 19 80, www.saint-nazaire-tourisme.com*

La Turballe [116 C3–4]

Der kleine, bretonisch anmutende Fischerort (3000 Ew.) 13 km nordwestlich von La Baule besitzt außer einem lebhaften Hafen (berühmt für die Sardinen, die die Fischer anlanden) einen schönen Sandstrand. In der *Markthalle (Espace Garlahy)* ist im Juli/August täglich, sonst mittwochs und samstags Fischmarkt. Im Juli/August lohnt auch der abendliche *Kunst- und Handwerksmarkt (Mi ab 19 Uhr, Quai Saint-Pierre)*. Vom Hafen verkehren Fähren zu den bretonischen Inseln Belle-Île, Houat und Hœdic. Auskunft: *Place Charles de Gaulle, Tel. 02 40 23 39 87, Fax 02 40 23 32 01, http://otsi.la.turballe.free.fr*

NANTES

Karte in der hinteren Umschlagklappe

[116–117 C–D3] Am Zusammenfluss von Loire, Erdre und Sèvre liegt Nantes (278 000 Ew.), einstmals die Hauptstadt der Bretagne. Im 18. Jh. war dies der wichtigste Hafen Frankreichs. Die Schließung der Werften 1987 stürzte die Stadt in eine Krise; mittlerweile ist ein Strukturwandel vollzogen. Die Airbuswerke hier und in Saint-Nazaire trugen ebenso zum Wachstum bei wie Lebensmittel- und Metallverarbeitung. Heute ist Nantes, Verwaltungssitz der Region Pays-de-la-Loire, zweitwichtigster Finanzplatz Frankreichs und eine Universitätsstadt mit großem Kultur- und Einkaufsangebot.

SEHENSWERTES

Der *Pass Nantes (24 Std. 14 Euro, 48 Std. 24 Euro, 72 Std. 30 Euro, beim Office de Tourisme)* gewährt kostenlosen Eintritt in Museen, die freie Benutzung von Bus und Bahn im Großraum Nantes sowie Rabatte in verschiedenen Geschäften.

Cathédrale Saint-Pierre-et-Saint-Paul

Mit 37,5 m ist das Kirchenschiff höher als das von Notre-Dame in Paris. Die Fassade datiert aus dem Spätmittelalter; ungewöhnlich ist die Außenkanzel. Im spätgotischen Inneren ist neben den Weihwasserbecken aus Muscheln des Indischen Ozeans das (seit der Revolution leere) Renaissancegrabmal des letzten bretonischen Herzogs Franz' II. und seiner Frau aus schwarzweißem Marmor sehenswert. *Place Saint-Pierre*

Château des Ducs de Bretagne

Das Schloss der Herzöge der Bretagne wurde ab 1466 als Befestigung und Residenz erbaut. Seit der Heirat von Anne de Bretagne mit Karl VIII. wohnten hier die französischen Könige. Nach einem Brand im 17. Jh. wurde es im klassizistischen Stil wiederaufgebaut. Der Spazierweg über die Burgmauern und -türme bietet einen schönen Blick über Alt- und Neustadt. Die herzöglichen Appartements beherbergen das neue Stadtmuseum.

Île Feydeau

Von 1926 bis 1942 wurden der Unterlauf der Erdre und einige Loirearme aufgefüllt, sodass die in Schiffsform angelegte Île Feydeau fortan keine Insel mehr war. Im 18. Jh. machten die breiten Straßen und mit Maskenköpfen geschmückten Reedervillen sie zum modernsten Viertel der Stadt. Heute sind alle Gebäude restauriert.

Jardin des Plantes

7 ha voller Arzneipflanzen, Kamelien, Magnolien. *Eingänge Boulevard Stalingrad und Place Sophie Trébuchet, tgl. 8.30–20, Winter bis 17.30 Uhr*

Trentemoult

Insider Tipp

In Trentemoult am südlichen Loireufer lebten früher Fischer und Kap-Hoorn-Segler. Heute ist das einstige Dorf ein trendiges Wohnviertel mit Yachthafen und guten Restaurants. Ein Bootsshuttle verkehrt alle 20 Minuten ab Gare Maritime.

MUSEEN

Musée des Beaux Arts

Eine der schönsten Kunstsammlungen Frankreichs; Meisterwerke von Ingrès, Courbet, Chagall, Picasso und Kandinsky. *10, Rue Georges Clémenceau, Mi–Mo 10–18 (Do bis 20) Uhr*

Musée Château des Ducs de Bretagne

Insider Tipp

Multimedial, audiovisuell und interaktiv bereitet das Museum in den herzöglichen Appartements die

Geschichte von Nantes und der Bretagne auf. *4, Place Marc Elder, Mitte Mai–Mitte Sept. tgl. 9.30–19, sonst Mi–Mo 10–18 Uhr*

Musée Jules Verne
In einer Villa auf der Anhöhe Sainte-Anne sind Briefe des 1828 in Nantes geborenen Schriftstellers und Manuskripte seiner berühmten Abenteuerromane zu sehen. *3, Rue de l'Hermitage, Mi–Sa und Mo 10–12 und 14–18, So 14–18 Uhr*

ESSEN & TRINKEN

Insider Tipp **Bateaux nantais**
Essen mit Flussblick! Die Stadt verschwindet vor den Fenstern, Landsitze und Schlösser tauchen auf – bei der zweistündigen Fahrt auf der Erdre werden außerdem ausgezeichnete Speisen serviert. *Quai de la Motte Rouge, Tel. 02 40 14 51 14, www.bateaux-nantais.fr, €€€*

La Cigale
Denkmalgeschützte Traditionsbrasserie im Art-nouveau-Stil. Auf der Karte stehen Fisch und Meeresfrüchte – die »Zikade« ist aber auch ein wunderbarer Ort fürs Frühstück. *Tgl., 4, Place Graslin, Tel. 02 51 84 94 94, €*

La Civelle
Meeresfrüchte, bunte Salate und gewaltige Steaks in der Idylle von Trentemoult. *So geschl., 21, Quai Marcel Boissard, Tel. 02 40 75 46 60, €€*

Insider Tipp **Lieu-Unique**
Schönes Ambiente in der zum Kulturzentrum umgestalteten einstigen Keksfabrik »LU« (Lefèvre-Utile). Am Wochenende Livemusik. Vom Turm aus haben Sie einen tollen Blick auf Schloss und Stadt. *Mo-Abend, Sa-Mittag und So geschl., Quai Ferdinand-Favre, Tel. 02 51 72 05 55, €€*

Place du Commerce: Kaffeepause beim Stadtbummel in Nantes

EINKAUFEN

Haupteinkaufsstraße ist die *Rue Crébillon.* Sehenswert ist die *Passage Pommeraye (Rue de la Fosse)* aus dem 19. Jh. mit Holzböden und schmiedeeisernen Geländern. In der *Confiserie Georges Gautier (9, Rue de la Fosse)* gibt es *mascaron nantais,* Schokolade mit Krokant. Ebenso gut: *Les Rigolettes Nantaises (18, Rue de Verdun).* Probieren Sie auch *nez grillés* aus Karamell, Salzbutter und Schokolade! Der *Markt von Talensac (Di–So, Rue de Talensac, Straßenbahn 2)* führt Gemüse, Fisch, Möbel und Kleider.

ÜBERNACHTEN

Hôtel Amiral
Freundlicher Service, recht kleine Zimmer, zentrale Lage. *49 Zi., 26, Rue Scribe, Tel. 02 40 69 20 21, Fax 02 40 73 98 13, www.hotel-nantes.fr,* €€

Hotel de France
Schönes Haus aus dem 18. Jh. nahe der Oper. *74 Zi., 24, Rue Crébillon, Tel. 02 40 73 57 91, Fax 02 40 69 75 75, www.oceaniahotels.com,* €

FREIZEIT & SPORT

Verleih von Elektrobooten für Erdre und Sèvre: *Ruban Vert, Ile de Versailles, Tel. 02 51 81 04 24, www.rubanvert.fr.* Kanu- und Kajaktouren auf der Erdre: *Contre-Courant Bivouak, Ile de Versailles, Tel. 06 62 28 60 48.* Nächtliche Kanutouren auf der Erdre (Ausgangspunkt ist der Campingplatz Petit Port): *Nack, Route de la Jonelière, La-Chapelle-sur-Erdre, Tel. 02 40 29 25 71*

Wenn es Nacht wird in Nantes: Akkordeonspieler in der Altstadt

AM ABEND

Empfehlenswert ist die *Oper (1, Rue Molière, Tel. 02 40 69 77 18, www.angers-nantes-opera.com)* wegen des hohen, weithin gerühmten Niveaus ihrer Aufführungen.

AUSKUNFT

Île Feydeau, 3, Cours Olivier de Clisson, und *2, Place Saint Pierre, Tel. 08 92 46 40 44 (0,34 Euro/Min.), www.nantes-tourisme.com*

PORNIC

[116 B3] ★ Die Bewohner dieses schönen Küstenstädtchens (13 000 Ew.) fuhren einst bis nach Neufundland, um Kabeljau zu fangen. Heute gibt es nur noch 15 Fischerboote, aber Platz für 300 Yachten im Hafen. Als die Bahn Pornic 1875 mit Nantes, Paris und Angers verband, mauserte sich das Fischerdorf zum Badeort – einer der ersten in der Umgebung von Nantes. Romanciers wie Gustave Flaubert und Maler wie Auguste Renoir ließen sich von der Atmosphäre verzaubern. Damals gab es vier Kasinos, heute kommt Pornic mit einem aus. Pornic ist das bedeutendste und wahrscheinlich auch schönste Seebad der Côte de Jade. Auf der einen Seite des Fischerhafens liegt die mittelalterliche Oberstadt mit Kirche, Rathaus und Geschäften (wenig Parkplätze!), auf der anderen Seite steigt ein altes Villenviertel an, das sich entlang der Steilküste erstreckt.

SEHENSWERTES

Château de Pornic

Der älteste Teil der Burg datiert aus dem 13. Jh.; heute beherbergt das Schloss des »Blaubarts« Gilles de Rais Privatwohnungen mit beneidenswertem Blick auf den Hafen. Eine Besichtigung des Innenhofs arrangiert das Office de Tourisme.

Insider Tipp **Sentier des Douaniers**

Der 14 km lange »Zöllnerweg« führt von der Corniche de Gourmalon zur Plage de la Noëveillard die Steilküste entlang und öffnet schöne Blicke auf die Île de Noirmoutier.

ESSEN & TRINKEN

Beau Rivage

Frische Meeresfrüchte direkt am Meer. Beim Menü »Carte Blanche au Chef« überlässt man sich der Inspiration des Küchenchefs, der drei Gänge zusammenstellt. *Mo/Di geschl., Plage de la Birochère, Tel. 02 40 82 03 08,* **€€€**

Côté Mer

Toller Blick aufs Meer, dazu Türme von Schaltieren und Fisch. *Tgl., Plage de la Source, 106, Rue de la Source, Tel. 02 40 82 04 37,* **€€**

Le Bistrot Entre Vins et Marées

Wenige Meter vom Château überblickt eine schöne Terrasse den alten Hafen; Meeresfrüchte dominieren die Karte. *Mi-Abend und Do geschl., 70, Quai Leray/Place du Petit Nic, Tel. 02 40 82 51 25,* **€**

L'Auberge la Fontaine aux Bretons

Saisonale traditionelle Küche im gleichnamigen Hotel. *Tgl., Plage de la Fontaine aux Bretons, Chemin des Noelles, Tel. 02 51 74 08 08,* **€€**

EINKAUFEN

Markt (Place des Halles et de la Terrasse, Do und So 9–13 Uhr) ist in einer Halle aus dem 17. Jh., von Juni bis September dort außerdem jeden Donnnerstagabend Kunsthandwerksmarkt. Wie bretonisches Steingut von Hand bemalt wird, kann man in der Fabrik *Faïencerie de Pornic (Chemin du Cracaud, www.faiencerie-pornic.fr)* sehen. Insider Tipp

ÜBERNACHTEN

Alliance Pornic Resort Hotel & Thalasso

Komfortables Hotel mit Thalassotherapiezentrum direkt am Meer. *120 Zi., Plage de la Source, Tel. 02 40 82 21 21, Fax 02 40 82 80 89, www.thalassopornic.com,* **€€€**

Beau Soleil

Nette Zimmer in bester Lage unterhalb des Schlosses am Hafen. *17 Zi.,*

70, Quai Leray, Tel. 02 40 82 34 58, Fax 02 40 82 43 00, www.annedebretagne.com/beausoleil, €€

Chambres d'Hôtes Les Volets Bleu
200 m vom Hafen und 500 m vom Strand liegt dieses entzückende Gasthaus in einem hübschen Garten. *6 Zi., 22, Rue de la Source, Tel. 02 40 82 65 99, www.volets-bleus.net, €*

Ferienwohnungen
Agence Sainte-Marie, Tel. 02 40 82 06 05, und *Centrale de Réservation, Tel. 02 40 82 67 67*

SPORT & STRÄNDE

Bewacht sind die Strände *Plage de la Birochère, Plage d'Étang, Plage de la Noëveillard, Plage du Portmain* und *Plage du Porteau.* Das Sportangebot reicht von Rad- und Bootsverleih über Tauchen, Segeln, Surfen, Rudern bis zu Ausritten. Golfer können sich auf eine 18-Loch-Anlage freuen *(Golf de Pornic, Avenue Scalby Newby, Tel. 02 40 82 06 69, www.formule-golf.com).*

AM ABEND

Viel Atmosphäre besitzt die *Bar du Château (Place du Château)* mit Terrasse. Gute Cocktails werden im *L'Hemingway (Port de Plaisance)* gemixt. Disko: *Le Viking, Plage du Porteau in Sainte-Marie-sur-Mer.* Roulette und Black Jack können Sie im *Kasino* am Quai Leray spielen.

AUSKUNFT

Place de la Gare, Tel. 02 40 82 04 40, Fax 02 40 82 90 12, www.ot-pornic.fr

Wenn das Wasser weg ist: Ebbe im Yachthafen von Pornic

2807 8

Sonne, Salz und See

Durchschnittlich 2200 Sonnenstunden pro Jahr und die schneeweißen Salzgärten gaben der »Küste des Lichts« ihren Namen

Das Land am Meer leuchtet. Hell glitzert der Atlantik, das Licht über den Marschen flirrt in der Mittagshitze. Die Landschaft zwischen der Île de Noirmoutier und der Mündung der Gironde ins Meer ist weit, die Strände sind bei Ebbe fast unendlich. Die Luft riecht nach Salz, Möwen schreien. Urlaubstauglich ist dieser Teil der Küste unbedingt. Gepflegte, lebhafte Städte wie La Rochelle, ursprünglich gebliebene Fischerdörfer, Naturschutzgebiete, aber auch schicke Ferienorte wie die Städtchen und Dörfer auf Ré, dem womöglich exklusivsten Streifen der Atlantikküste, sorgen für jede Menge Abwechslung.

Rund 2500 Sonnenstunden im Jahr, 250 Küstenkilometer – davon 140 km Sandstrände – und eine sehr gute Wasserqualität sind weitere Trümpfe. Und an jeder Ecke kann man Austern essen wie anderswo ein belegtes Brötchen. Die Vendée ist nach dem Département Var an der Côte d'Azur die meistbesuchte Urlaubsregion in Frankreich. Doch obwohl dementsprechend der Tourismus fast überall die wichtigste Erwerbsquelle ist, besitzen Landwirtschaft und Salzgewinnung hier nicht nur folkloristische Bedeutung, sondern gehören noch zum Alltag.

Idyllisch: Kahnpartie auf Entengrütze in der amphibischen Welt des Marais Poitevin

ÎLE D'OLÉRON

[118 B3–4] ★ Rustikaler als das schicke Ré, versprüht Oléron (20 000 Ew.) auf 30 km Länge und – an der breitesten Stelle – 15 km Breite ursprünglichen Charme. Austernzucht, bunte Märkte, kleine Häfen, hohe Stockrosen vor den Häusern – hier kann man sich in ländlicher Atmosphäre erholen. Salzmarschen, zwei Wälder, im Norden Weinbau, an der Nordspitze Klippen und nicht zuletzt 100 km Radwege bieten für alle Bedürfnisse etwas. Die Westküste eignet sich für Surfer, die geschützte Ostküste für Kinder und Wassersportanfänger. Die 1966 erbaute, 3 km lange Brücke zum Festland ist mautfrei – wiewohl über eine Ökosteuer nachgedacht wird. Die Austernzucht ist nach dem Tourismus die wichtigste Einnahmequelle. Einer Mikroalge sowie

Port des Salins auf Oléron: Wie kommt das Salz aus dem Meer?

der Lage der Bänke im Marschland verdanken sie ihren ausgezeichneten Geschmack.

ORTE AUF OLÉRON

Boyardville

Das hübsche Dorf an der Ostküste besitzt Fischer- und Yachthafen, nette Geschäfte und Restaurants sowie einen riesigen Sandstrand. Angelegt wurde es, um die Bauarbeiter unterzubringen, die am Bau des vorgelagerten *Fort Boyard* beteiligt waren. Zwischen 1801 und 1859 ließ Napoleon nach Plänen von Vauban diese Festung auf Felsen und Sand erbauen, um die Mündung der Charente verteidigen zu können. Wie ein kreisrunder Kessel liegt sie im Wasser. Zu besichtigen ist sie nur von außen (Bootstouren ab Boyardville). Nördlich des Orts erstreckt sich einer der beiden Wälder der Insel, die *Forêt des Saumonards.*

Le Château-d'Oléron

Idylle hinter alten Festungsmauern: Gleich der erste Ort auf der Insel ist so schön, dass man nicht weiterfahren will. Auf der *Place de la République* findet sonntags *(9–13 Uhr)* der größte *Markt* der Insel statt. Lebensmittel gibt es in der Markthalle, auf dem Platz Kleider und Kunsthandwerk. Die *Zitadelle* bietet einen schönen Blick aufs Festland.

Am Fischerhafen darunter sind in 18 bunten Holzhäuschen *Künstlerateliers* entstanden. Bis eine EU-Vorschrift ihren Umzug in Steinhäuser verfügte, wurden die Kabinen für die Austernzucht genutzt. Nun kann man hier Malern und Töpfern bei der Arbeit zusehen und ihre Werke natürlich auch kaufen. Ins Tip

Das *Jardins Aliénor (4 Zi., 11, Rue de Maréchal Foch, Tel. 05 46 76 48 30, Fax 05 46 76 58 47, www.lesjardinsdalienor.com,* €€*)* ist ein liebevoll ausgestattetes, komfortables Hotel mit sehr gutem Res- Ins Tip taurant. Auskunft: *Place de la République, Tel. 05 46 47 60 51, Fax 05 46 47 73 65, www.ot-chateau-oleron.fr*

La Cotinière

250 Fischer gehen hier ihrer Arbeit nach, und so ist La Cotinière weniger ein malerischer als ein betriebsamer Fischerhafen. Besonders lebhaft wird es, wenn am Nachmittag die Fischer vom Meer zurückkehren. Fisch und Meeresfrüchte für den Hausgebrauch kauft man im *Marché de Victorine* gleich am Hafen. Dort ist auch ein kleines *Aquarium;* wer schon in La Rochelle war, kann sich den Besuch getrost sparen. Köstliche Meeresfrüchte zum Blick auf den Hafen bekommt man im Restaurant *L'Écailler (tgl., 65, Rue du Port, Tel. 05 46 47 10 31, €€)*. In der Bar *La Marine* kann man nicht nur essen, sie ist bis in die Nacht auch Treffpunkt der Partyszene.

Le Grand-Village-Plage

Den Namen verdankt der Ort seinen 15 km Strand – ein Traum für Sonnenanbeter und Wassersportler. Im Ortsteil Le Petit Village in den Salinen gibt es einen Salzhafen, das *Écomusée du Port-des-Salines (Sommer tgl 9.30–11.45 und 14.30–18 Uhr)*, das in die Geheimnisse von Salzgewinnung und Austernzucht einweiht, und einen Markt, auf dem man Austern verkosten kann. Berühmt für diese Meeresfrucht ist das Restaurant *Le Relais des Salines (tgl., Port des Salines, Tel. 05 46 75 82 42, €€)* in einer kleinen Austernzüchterhütte. Auskunft: *Boulevard de la Plage, Tel. 05 46 47 58 00, Fax 05 46 47 42 17, grdvillageplage@wanadoo.fr*

Saint-Dénis-d'Oléron

Der nördlichste Ort der Insel (1200 Ew.) besitzt außer einem großen Segelhafen eine *Kirche* mit romanischem Portal und einem Turm aus

MARCO POLO Highlights »Côte de Lumière«

★ **Île de Ré**
Sehen und gesehen werden auf der glamourösen unter den Atlantikinseln (Seite 43)

★ **Marais Poitevin**
Herrliche Bootstour durch das grüne Labyrinth der Wasserwege (Seite 52)

★ **Altstadt**
Einkaufen auf dem Markt in La Rochelle, am Hafen von Café zu Café bummeln (Seite 46)

★ **Île de Noirmoutier**
Salz direkt vom Feld kaufen, durch duftende Pinienwälder radeln, abends durch den Hauptort schlendern – und natürlich am Strand liegen (Seite 50)

★ **Île d'Oléron**
Erholung beim Radeln, beim Wandern oder bei fangfrischen Meeresfrüchten am Hafen in La Cotinière (Seite 39)

dem 14. Jh. Außerdem sehenswert ist der *Leuchtturm* an Olérons Nordspitze, der Pointe de Chassiron. Auskunft: *Boulevard d'Antioche, Tel. 05 46 47 95 53, Fax 05 46 75 91 36, office-tourisme-saint-denis-oleron@wanadoo.fr*

Saint-Georges-d'Oléron

Der größte Ort (3350 Ew.) der Insel liegt im Norden nahe einem 15 km langen Strandabschnitt mit vielen Campingplätzen. Südlich schließt sich der Wald *Forêt domaniale de Domino* an. Der Ort gruppiert sich um die romanische *Kirche* (11./12. Jh.) mit reich verzierter Fassade; täglicher Treffpunkt ist im Sommer die *Markthalle* aus dem 19. Jh.

Angenehm ist das 800 m vom Strand Les Sables Vignier gelegene *Hotel L'Hermitage (34 Zi., 198, Route de l'Hermitage, Tel. 05 46 76 52 56, Fax 05 46 76 67 76, www.lhermitage-oleron.com,* **€€***)* mit beheiztem Außenpool, Restaurant und freundlichem Service. Ein Campingplatz mit 33 Stellplätzen, Restaurant und Pool, ebenfalls beim Strand Les Sables Vigniers: *La Caravane Oléronaise, Tel. 05 46 76 52 31, Fax 05 46 76 80 21, www.sablesvigniersplage.com.* Auskunft: *28, Rue des Dames, Tel. 05 46 76 63 75, Fax 05 46 76 86 49, www.saint-georges-oleron.com*

Saint-Pierre-d'Oléron

Die Inselhauptstadt (6000 Ew.) wird von Supermärkten gesäumt, besitzt aber einen hübschen Stadtkern mit vielen Geschäften und viele Unterhaltungsmöglichkeiten. Am letzten Dienstag im Monat ist Markt auf der riesigen *Place Gambetta,* die sonst als kostenfreier Parkplatz dient. Im Sommer gibt es dort abends Konzerte von Blues bis Salsa und einen Nachtmarkt für lokale Produkte. Ebenfalls an der Place Gambetta befindet sich das neue, interaktive *Musée de l'Île d'Oléron (Juni–Sept. tgl. 9.30–13 und 14–19, April/Mai und Okt. Di–So 10–12 und 14–18, Nov.–März 14–17.30 Uhr),* das über die Inselgeschichte informiert.

Strandlektüre

Krimi oder historische Erzählung: La Rochelle ist eine stimmungsvolle Romankulisse

Die Atlantikküste, insbesondere die Côte de Lumière, hat auch Schriftsteller inspiriert. Georges Simenon (1903–89), geistiger Vater des Kommissars Maigret, liebte La Rochelle und die Vendée. Das blieb nicht ohne Folgen für sein Werk: 15 Romane spielen in der Hafenstadt – zum Beispiel »Die Fantome des Hutmachers«. »Maigret macht Ferien« hat Les Sables-d'Olonne zur Kulisse. Wer sich für historische Schmöker begeistert, kann sich mit der deutschen Autorin Tanja Kinkel auf den Urlaub an der Atlantikküste einstimmen. »Die Schatten von La Rochelle« spielt vor dem Hintergrund der Religionskriege, »Die Löwin von Aquitanien« erzählt die wechselvolle Geschichte der Eleonore von Aquitanien.

Stockrosen an weißem Mauerwerk: typisches Bild auf den Inseln

Zu den Sehenswürdigkeiten gehören die *Kirche* aus dem 17. Jh., deren 43 m hoher, heller Turm der Schifffahrt als Signal dient, und die *Lanterne des Morts,* die »Totenlaterne«, ein 23,5 m hoher Turm aus dem 12. Jh. Zudem gibt es einen *botanischen Garten (La Boirie, tgl. 10–12 und 15–19 Uhr, www.lesjardinsdelaboirie.com)* mit Pflanzen aus der ganzen Welt. Und wenn Sie Kinder dabeihaben, können Sie diese im *Parc des Oiseaux (tgl. 9.30 bis 20 Uhr)* auf halber Strecke nach La Cotinière 240 Vogelarten identifizieren lassen. Der *Golfplatz (Vieille Perrotine, Tel. 05 46 47 11 59)* liegt nördlich der Stadt.

Aus dem *Café Bus Stop* an der Rue d'Aliénor d'Aquitaine quillt das junge Publikum abends bis auf die Straße. Auskunft: *Place Gambetta, Tel. 05 46 47 11 39, Fax 05 46 47 10 41, www.saint-pierre-oleron-tourisme.com*

ÎLE DE RÉ

[118 A–B2] ★ 16,50 Euro Gebühr für die Benutzung der knapp 3 km langen Brücke zur Insel Ré (17 000 Ew.) während der Hauptsaison wirken nicht besonders einladend – und sollen es auch nicht. Seit die Brücke 1988 fertiggestellt wurde, sind die Insulaner hin- und hergerissen zwischen dem Luxus, jederzeit ins knapp 20 Autominuten entfernte La Rochelle fahren zu können – und der Angst, ihre Insel könnte überrannt werden von allzu vielen Tagesgästen. Bis 2012 soll die Maut abgeschafft werden und nur eine Ökosteuer von rund 3 Euro bleiben – heiß diskutiertes Thema auf der Insel, die mit 110 km Radwegen (oft idyllisch und fernab vom Autoverkehr, Fahrradverleih in jedem Ort), langen Sandstränden und recht teuren Ferienorten aufwartet. Sie bietet somit alles für einen aktiven, wenn auch nicht unbedingt preiswerten Strandurlaub.

An der geschützten Nordseite liegen die Dörfer mit ihren Häfen, an der Atlantikseite rund 15 km Strand. Die wohl schönsten sind die *Plage de la Conche* und die *Plage du Marchais* an der Nordwestspitze. Die langfelligen Esel, die früher Körbe mit Salz und Trauben transportierten, schaukeln heute Kinder umher.

Wellenreiten gehört zu den favorisierten Freizeitbeschäftigungen auf Ré. Egal, ob Sie lieber zuschauen, wie andere ins Wasser fallen, oder sich selbst aufs Brett wagen: Die Gelegenheit ist hier ausgesprochen günstig. Die Hotspots der Surferszene sind der Strand von *Lizay* bei Les-Portes-en-Ré, *La Pergola* in La-Couarde-sur-Mer, der Südstrand in *Rivedoux-Plage, Les Grenettes* und *Pas des Biettes* in Sainte Marie und *Gros Jonc* in Le-Bois-Plage.

Doch Ré hat auch eine ursprüngliche Seite. Ebenso wie in Guérande und auf Noirmoutier und Oléron wird auf Ré Salz gewonnen. Der traditionelle Beruf des Salzbauern wird wieder beliebter: Waren es vor zehn Jahren noch 50, gibt es heute knapp 100. Die Natur auf Ré ist noch intakt. Im Vogelschutzgebiet bei Ars sind über 300 Arten gezählt worden.

ORTE AUF RÉ

Ars-en-Ré

Schon von weitem sieht man den markanten, weiß-schwarzen Turm der Kirche des Städtchens (1300 Ew.) wie eine Seemarkierung aus den Salzmarschen ragen. Tatsächlich dient er der Orientierung von Schiffen. Gepflegte Gassen führen zu netten Geschäften und Restaurants. Expremier Lionel Jospin besitzt hier ein Haus und genießt inmitten der Prominenz aus Paris Anonymität.

Am Hafen – dem wichtigsten Segelhafen der Insel – lohnt ein Besuch im *Café du Commerce (tgl., 6, Quai Prée, Tel. 05 46 29 41 57,* **€***)*, das mit Mitbringseln aus der ganzen Welt dekoriert ist: von Masken über Golfschläger bis zu Stichen alter Schiffe. Ein Hotel mit Thalassozentrum ist das *Thalacap (66 Zi., Avenue d'Antioche, Tel. 05 46 29 10 00, Fax 05 46 29 10 01, www.thalacap.com,* **€€€***)*. Auskunft: *Place Carnot, Tel. 05 46 29 46 09, Fax 05 46 29 68 30, www.arsenre.com*

Insider Tipp

Le-Bois-Plage-en-Ré

Die fast 15 km Strand im Inselsüden sind ein wahres Ferienparadies. Im Westen liegt das hübsche Dorf *La Couarde-sur-Mer*, dann folgt *Bois*, im Südosten schließt sich Sainte-Marie-de-Ré an. Le Bois-Plage, der größte Ort an der Südküste, ist von Wald und Weinstöcken umgeben. Die Trauben von Ré werden zu Wein, Cognac und Pineau verarbeitet. Weil der Strand langsam abfällt, ist er für Kinder besonders geeignet. Baden kann man bei Ebbe und Flut. Es gibt mehrere Verleiher von Katamaranen, Surfbrettern und Kajaks sowie Segelunterricht, z. B. bei der *École de Voile du Bois (Tel. 05 46 09 94 73, www.lacabaneverte.com)* an der Plage de Gros Jonc, Surfen und Wellenreiten bei *Ré Surf (Plage de Gros Jonc, Tel. 06 30 98 12 81, www.re-surf.com)*.

Hinter den Dünen der *Plage des Gollandières* finden Sie die gleichnamige Hotelanlage mit Pool und Restaurant *(Avenue de Gollandières, Tel. 05 46 09 23 99, Fax 05 46 09 09 84, www.lesgollandieres.com, €€€)*. Etwas außerhalb, aber in Strandnähe liegt die Hotel- und Appartementanlage *Jerodel (12 Zi., 35, Rue de la Glacière, Tel. 05 46 09 96 42, Fax 05 46 09 99 69, www.jerodel.com, €€€)* mit beheiztem Schwimmbecken. Über 20 Zimmer und Appartements nur 200 m vom Strand verfügt das *Au plaisir (56, Avenue du Pas des Bœufs, Tel. 05 46 09 00 26, Fax 05 46 09 00 26, www.hotel-plaisir.com, €€)*. Auskunft: *Rue des Barjottes, Tel. 05 46 09 23 26, Fax 05 46 09 13 15, www.leboisplageenre-tourisme.com*

La Flotte

Ein Urlaubsidyll aus schicken Geschäften und Restaurants rund um den hübschen Hafen. An der Rue Général-de-Gaulle drängen sich Boutiquen und Konfiserien. Im Sommer ist auf der Place de Marché jeden Vormittag Markt. Das Restaurant *L'Écailler (tgl., Port de La Flotte, Tel. 05 46 09 56 40, €€€)* bietet außer Fischspezialitäten einen schönen Blick auf den Hafen. Das elegante *Hotel Richelieu (44 Zi., 44, Avenue de la Plage, Tel. 05 46 09 60 70, Fax 05 46 09 50 59, www.hotel-le-richelieu.com, €€€)* liegt am Strand und besitzt ein Thalassotherapiezentrum. Etwas irdischer geht es im am Hafen gelegenen *Le Français (33 Zi., 1, Cours Félix Faure, Tel. 05 46 09 60 06, Fax 05 46 09 58 77, www.hotellefrancais.com, €)* mit Restaurant zu. Auskunft: *Quai de Sénac, Tel. 05 46 09 60 38, Fax 05 46 09 64 88, www.ot-laflotte.fr*

Saint-Martin-de-Ré

Das glamouröse Hauptstädtchen (2600 Ew.) der Insel kommt mit seinem Yachthafen, den schicken Bars und Restaurants und den gediegenen Hotels wie eine atlantische Schwester von Saint-Tropez daher. Vor allem am Abend ist dies der lebendigste Ort der Insel. Ihn umgibt eine Stadtmauer; Autos müssen davor geparkt werden (kostenlos). Die Zitadelle dient heute als Gefängnis. Einen schönen Blick auf den Ort haben Sie vom *Glockenturm* der Kirche. Innerhalb der Stadtmauern dreht sich alles ums Sehen und Gesehenwerden. Suchen Sie sich einen Cafésessel, und beobachten Sie das Geschehen auf den Straßen und im Hafen, der bei Niedrigwasser vollständig trockenfällt!

Beim Schlendern durch den malerischen Hafen lohnt der Besuch der Eisdiele *La Martinière:* Probie- Insider Tipp

Schick, aber nicht schickimicki: der Hafen von Saint-Martin-de-Ré

ren Sie Karamell oder *fleur de sel!* Fisch und Meeresfrüchte werden im *Le Belem (tgl., 29, Quai de la Poitevinière, Tel. 05 46 09 56 56, €€)* aufgefahren, regionale Küche im *Le Bistrot du Marin (Mi geschl., L'Ilôt à Saint-Martin, Tel. 05 46 68 74 66, €€)* auf der Insel im Hafen. Am alten Hafen residiert hinter einer Fassade aus dem 17. Jh. das gediegen-elegante *Hôtel de Toiras (17 Zi., 1, Quai Job Foran, Tel. 05 46 35 40 32, Fax 05 46 35 64 59, www.hotel-de-toiras.com, €€€)* mit hübschem Garten. Mitten auf der Hafeninsel finden Sie das Hotel *Les Colonnes (30 Zi., 19 quai Job Foran, Tel. 05 46 09 21 58, Fax 05 46 09 21 49, www.hotellescolonnes.com, €€)* mit netten Zimmern, die zum Teil sehr schöne Aussicht aufs Meer bieten. Ferienwohnungen mit Clubatmosphäre vermietet die Organisation *Pierre et Vacances (Rue des Gouverneurs, Tel. 08 25 38 01 12, www.pierreetvacances.com)*. Auskunft: *Quai Nicolas Baudin, Tel. 05 46 09 20 06, Fax 05 46 09 06 18, www.saint-martin-de-re.fr*

LA ROCHELLE

Karte in der hinteren Umschlagklappe

[118 B2–3] La Rochelle (80 000 Ew.) ist eine kleine Großstadt, die mit einem Internationalen Filmfestival, dem Musikfestival Francofolies im Juli und der jüngsten Universität Frankreichs aufwarten kann – deren Grundstein legte 1992 der damalige Bundeskanzler Helmut Kohl. Der Yachthafen Les Minimes ist der größte an Europas Atlantikküste und verleiht La Rochelle südliches Flair. Die malerische ★ Altstadt, die sich hinter dem Alten Hafen und einer Fassadenfront voller Cafés versteckt, birgt Geschäfte, Restaurants und sorgt für eine Atmosphäre entspannter Geschäftigkeit. Fast 3 km Arkaden ermöglichen Shopping auch bei Regen. Ansonsten lohnt es sich, den Blick himmelwärts zu richten: Zahlreiche Fassaden sind mit Wasserspeiern und steinernen Köpfen geschmückt. Mal sieht man einen kanadischen Indianer mit Federschmuck, dann die Gesichter der Familie, der das Haus einst gehörte.

Wie Nantes und Bordeaux profitierte die Stadt vom Dreieckshandel zwischen Europa, Westafrika und der Karibik. Auch Weinbau und Salzgärten trugen zum Wohlstand bei – und natürlich der Hafen. Das änderte sich erst mit der Belagerung während der Religionskriege im 17. Jh., als La Rochelle als Hauptstadt der Protestanten galt. Nach 13 Monaten waren von 28 000 Einwohnern nur noch 5400 am Leben, die Stadt wurde aller Privilegien und Freiheiten beraubt und brauchte 300 Jahre, um zur einstigen Blüte zurückzufinden.

La Rochelle lässt sich gut per Fahrrad erkunden – nicht nur wegen der vielen Radwege, sondern auch wegen der gelben Räder, die man an der Place de Verdun sowie am Office de Tourisme am Alten Hafen gegen ein Pfand ausleihen kann. Der Untergrund ist nicht immer ideal, erzählt aber viele Geschichten: Die groben Pflastersteine im Schiffseignerviertel um die Rue Nicolas Venette stammen aus dem St.-Lorenz-Strom in Kanada – ein Erbe aus den Tagen des Handels mit Québec, das 1608 von einem Sohn der Stadt gegründet wurde.

SEHENSWERTES

Église Saint-Sauveur

An dieser Kirche beim Hafen lässt sich das Hin und Her der Religionskriege ablesen. Der Turm stammt aus dem 15. Jh., das Kirchenschiff wurde im 17. Jh. wiederaufgebaut, nachdem im 16. Jh. die Katholiken vertrieben und alle katholischen Kirchen La Rochelles abgerissen worden waren. Die Steine nutzte man, um die Stadt zu befestigen. Nur die Kirchtürme blieben – als Wachtürme und Plattformen für Kanonen. Nach der Gegenreformation wurde wieder alles anders, heute gibt es hier nur wenige protestantische Kirchen.

Hôtel de Ville

Das Rathaus ist seit 700 Jahren Amtssitz des ersten Bürgers der Stadt. Mit Türmen und Zinnen bewehrt, sieht es aus wie eine kleine Ritterburg und blickt über die Place de l'Hôtel de Ville auf die Cafés La Poste und La Renaissance. Der Innenhof kann besichtigt werden *(tgl.)*, im Juli/August gibt es Führungen *(tgl. 15 und 16 Uhr)*.

Stadttürme

Die *Tour de la Chaîne* (»Kettenturm«, 14. Jh.) und *Tour Saint-Nicolas* bewachten den Hafen und zeugen von Wohlstand und Angriffsfläche der Stadt. Die 70 m hohe *Tour de la Lanterne* war früher Leuchtturm und zeitweise auch Gefängnis, wie viele Graffiti belegen. *Juli/Aug. tgl. 10–19, Sept.–Juni Di bis So 10–12.30 und 14–17.30 Uhr, z. T. auch Mo und nachmittags bis 18.30 Uhr*

MUSEEN

Aquarium

10 000 Arten, 20 Haiarten, die über den Köpfen der Besuchern

Markante Türme bewachen die Hafeneinfahrt von La Rochelles Vieux Port

schwimmen und ein Piranhabecken im Amazonastreibhaus: Diese Unterwasserwelten faszinieren nicht nur Kinder. *Bassin des Grands Yachts, April–Sept. tgl. 9–20 (Juli/ Aug. 9–23), Okt.–März 10–20 Uhr, www.aquarium-larochelle.com*

Musée des Beaux Arts
Europäische Gemälde vom 15. bis 20. Jh. in einem neoklassizistischen Palast. *28, Rue Gargoulleau, April bis Sept. Mi–Mo 14–18 (So ab 14.30), Okt.–März 13.30–17 (So 14.30–18) Uhr*

Musée Maritime
Auf dem meteorologischen Schiff »France I« und einem Fischerdampfer kann man den Alltag von Meteorologen und Fischern auf See nachvollziehen. Auf der France I befindet sich eine nette Bar, die auch abends geöffnet ist. Im Hafenbecken verrottet außerdem die »Calypso« des Meeresforschers Jacques-Yves Cousteau, um die sich die Erben streiten. *Bassin des Chalutiers, April–Sept. tgl. 10–18.30 Uhr, www.museemaritimelarochelle.fr*

Insider Tipp

Musée du Nouveau Monde
Die Neue Welt bedeutet in La Rochelle vor allem Kanada. Die Ausstellung in einem prächtigen Patrizierhaus dokumentiert die Verbindungen Frankreichs nach Amerika anhand von Kolonialmöbeln, Gemälden, Dokumenten etc. *10, Rue Fleuriau, April–Sept. Mi–Sa und Mo 10–12.30 und 14–18, Okt.–März Mo, Mi, Do, Fr 9.30–12.30 und 13.30–17 Uhr*

ESSEN & TRINKEN

André
Fisch und Meeresfrüchte am Fuß der beiden Türme des Alten Hafens. *Tgl., 5, Rue Saint-Jean de Pérot, Tel. 05 46 41 28 24,* **€€**

Allein an Haien tummeln sich 20 verschiedene Arten im Aquarium

Café de la Paix
Schönes Jugendstilcafé mit abwechslungsreicher Karte von Salaten bis zu Muscheln und Fisch. Der Schriftsteller Georges Simenon war hier Stammgast. *Tgl., 54, Rue Chaudrier, Tel. 05 46 41 39 79,* **€**

Maryse et Richard Coutanceau
Die Kochkunst von Richard Coutanceau wurde mit zwei Michelinsternen geadelt. Zum ausgezeichneten Essen passt der wahrhaft himmlische Blick aufs Meer. *So geschl., Plage de la Concurrence, Tel. 05 46 41 48 19,* **€€€**

EINKAUFEN

Rue des Merciers, Rue du Palais und *Rue Chaudrier* sind gute Adressen für Kleidung, Accessoires und kulinarische Mitbringsel; für Letztere lohnt auch ein Besuch der *Markthalle (tgl., Place du Marché).*

ÜBERNACHTEN

France, Champlain, Angleterre
Gleich hinter der Place de Verdun gelegen, mit großem Garten zum Frühstücken und Entspannen. *36 Zi., 20, Rue Rambaud, Tel. 05 46 41 23 99, Fax 05 46 41 15 19, www.bw-fa-champlain.com,* **€€**

Résidence de France
Das erste Haus am Platz, ebenfalls nahe der Place de Verdun, bietet allen denkbaren Komfort. *16 Zi., 43, Rue du Minage, Tel. 05 46 28 06 00, Fax 05 46 28 06 03, www.hotel-larochelle.com,* **€€€**

Saint Nicolas
An einem kleinen Platz in der Nähe des Fischerhafens liegt dieses angenehme Hotel. *79 Zi., 13, Rue Sardinerie, Tel. 05 46 41 71 55, Fax 05 46 41 70 46, www.comforthotel-larochelle.com,* **€**

FREIZEIT & SPORT

Segeln *(École de Voile Rochelaise, Avenue de la Capitainerie, Tel. 05 46 44 49 20)* und Bootsverleih *(Aunis Motonautic, Les Minimes, Tel. 05 46 44 23 66, www.aunismotonautic.fr)* zählen zum maritimen Angebot. Außerdem Golf *(www.golflarochelle.com)* und Fallschirmspringen *(www.parachutisme.net).*

AM ABEND

Die schönste Abendunterhaltung ist es, sich rund um den Hafen von Café zu Café treiben zu lassen. Für den späteren Abend gibt es die Clubs *L'Oxford (Plage de la Concurrence)* und *Le Triolet (8, Rue des Carmes).*

AUSKUNFT

Place de la Petite Sirène, Tel. 05 46 41 14 68, Fax 05 46 41 99 85, www.larochelle-tourisme.com

ZIELE IN DER UMGEBUNG

Châtelaillon-Plage **[118 B–C3]**
12 km südlich von La Rochelle liegt dieser Badeort (5500 Ew.) an einem 3 km langen, feinen Sandstrand, an dem sich bei Flut die Wind- und Kitesurfer treffen. Seine Trümpfe sind die Villen im Belle-Époque-Stil und die von Tamarisken gesäumte Promenade mit Blick auf die Inseln Aix und Oléron. Natürlich gibt es auch ein Kasino mit angeschlossenem Nacht-

club. Auskunft: *5, Avenue de Strasbourg, Tel. 05 46 56 26 97, Fax 05 46 56 58 50, www.chatelaillon-plage.fr*

Île d'Aix **[118 B3]**

20 km südlich von La Rochelle liegt der Fährhafen Fouras. Von hier aus sind es nur noch 30 Bootsminuten bis zur autofreien Île d'Aix (200 Ew.). Dort erwartet Sie außer einem von den Mauern der Festung Fort de la Rade umgebenen Dorf eine ländliche Idylle: die perfekte Kulisse für einen ruhigen Tag am Meer oder einen ausgedehnten Inselstreifzug per (Leih-)Rad *(http://cyclaix.ifrance.com)*. Das *Musée Napoléonien (Mi–Mo 10–12 und 14 bis 18 Uhr)* erinnert an Bonapartes letzte Tage auf französischem Boden im Juli 1815, die er auf Aix verbrachte, bevor er ins Exil auf St. Helena aufbrach. Auskunft: *6, Rue Gourgaud, Tel. 05 46 83 01 82, Fax 05 46 83 31 32, www.iledaix.fr*

Île de Noirmoutier **[116 A–B4]**

★ Salzgärten, Austernbänke, Fischerhäfen, Segelboote und weiße Häuser hinter blühenden Malven prägen das Bild der gut 20 km langen Insel (10 000 Ew.). Außer über die 1971 errichtete, mautfreie Brücke (rund 160 km von La Rochelle bzw. 70 km von Nantes) oder per Fähre von Pornic (nur im Juli/August) ist Noirmoutier über eine 4 km lange Straße zu erreichen, die bei Ebbe über den Meeresgrund führt und bei Flut nur an den Spitzen der Verkehrsschilder zu erkennen ist, die aus dem Wasser ragen. Urlauber benutzen diese *Passage du Gois* kaum, auf der bei auflaufender Flut schon einige Autos verlorengingen.

Noirmoutier liegt unter dem Meeresspiegel und ist ein ideales Terrain zum Radfahren (Verleih in jedem Ort). Die langen Sandstrände öffnen sich hinter dichten Pinienwäldern. Die *Plage de Luzéronde* an der Westküste ist ein FKK-Strand. Segelschulen und Wassersportzentren säumen die ganze Insel. Außer mit dem Tourismus verdient man mit Landwirtschaft – vor allem Kartoffelanbau – Geld.

Der Hauptort *Noirmoutier-en-l'Île* ist mit Geschäften, Restaurants, der romanisch-gotischen Kirche *Saint-Philbert* und dem gut erhaltenen *Schloss* (12. Jh.) reizvoller Mittelpunkt des Insellebens. Im Schloss erklärt das *Musée du Château (Place d'Armes, Mitte Juni bis Mitte Sept. tgl. 10–19, Feb.–Mitte Juni und Mitte Sept.–Okt. 10–12.30 und 14–17.30 Uhr)* die Inselgeschichte. Alles über Fischerei und Salzgewinnung ist im *Musée des Traditions de l'Île (Place de l'Église, Juli/Aug. tgl. 10–17, April–Juni und Sept.–Mitte Okt. 14.30–17.30 Uhr)* zu erfahren, alles über Schiffbau im *Musée de la Construction Navale (Rue de l'Écluse, April–Mitte Juni und Sept./Okt. Di–So 10–12.30 und 14.30–18, Mitte Juni–Aug. tgl. 10–19 Uhr)*.

Ein sehr schönes Hotel ist das neue, liebevoll ausgestattete *Maison de Marine* (Insider Tipp) *(4 Zi., 3, Rue Parmentier, Tel. 02 28 10 27 21, renee.vetele@wanadoo.fr,* **€€€***)*. Jedes Zimmer ist individuell eingerichtet, und im Garten befindet sich ein kleiner Swimmingpool. Im *Café Noir (4, Quai Cassard, Tel. 02 51 39 00 75)* trifft sich hippes Publikum. Noirmoutier en-l'Île liegt 2 km vom Meer entfernt. Südlich davon erstreckt sich ein Natur-

Sylt? Rügen? Amrum? Île de Noirmoutier!

schutzgebiet mit Salzmarschen und Vogelbrutstätten.

Politiker und Prominenz haben ihre Villen an der schicken *Plage des Dames,* die sich hinter dem Wald *Bois de la Chaize* über mehrere Buchten erstreckt. Im Norden liegt auch der schöne Fischer- und Ferienort *L'Herbaudière.* Kreative Fischgerichte zaubert dort Chef Alexandre Couillon im *La Marine* *(5, Rue Marie Lemonnier, Tel. 02 51 39 23 09, €€).* Wunderhübsch sind auch die Dörfer *La Bosse, L'Épine* und *Barbâtre* mit ihren Gassen, die flache, weiße Häuser mit blühenden Malven davor säumen. Auskunft: *Route du Pont, Tel. 02 51 39 80 71, Fax 02 51 39 53 16, www.ile-noirmoutier.com*

Insider Tipp

Île d'Yeu **[116 A5]**

Sandstrände im Osten, die wilde Côte Sauvage im Südwesten sowie Pinien- und Eichenwald vereint die 20 km vor der Küste gelegene Île d'Yeu (5000 Ew.) auf 23 km² Fläche. Zu erreichen ist sie per Fähre *(www.compagnie-yeu-continent.fr, www.compagnievendeenne.com)* von Fromentine, Saint-Gilles-Croix-de-Vie, Noirmoutier und Les Sables-d'Olonne.

Hauptort ist das hübsche *Port-Joinville* an der geschützten Ostküste; beim Nachbarort *Ker-Chalon* erstreckt sich der Hauptstrand. Ein weiterer schöner Strand ist die *Plage des Sabias.* Yeu lässt sich am besten per Rad erkunden (ein Dutzend Verleihe stehen bereit), zumal viele der geschützten Badebuchten nur zu Fuß oder per Rad zu erreichen sind. Sehenswert sind die Überreste des *Vieux-Château* an der Côte Sauvage und der Naturhafen *Port-de-la-Meule.*

Schön am Hafen von Port-Joinville liegt das Hotel *Grand Large (22 Zi., Rue du Courseau, Tel. 02 51 58 36 77, Fax 02 51 58 70 03, www.hotel-legrandlarge.com, €).*

Zwei reizende *chambres d'hôtes* 50 m vom Strand vermietet *Madame Groisard (11, Rue Pierre Henry, Port-Joinville, Tel. 02 51 58 55 24, €€)*. Auskunft: *1, Place du Marché, Tel. 02 51 58 32 58, Fax 02 51 58 40 48, www.ile-yeu.fr*

Jard-sur-Mer **[118 A1]**
Freundlicher Badeort (2300 Ew.) 45 km nördlich von La Rochelle mit kleinen Buchten, schönen Sandstränden, Yachthafen und einem großen Kiefern- und Eichenwald. Beschilderte Fahrradwege führen zu Menhiren und Dolmen. Auskunft: *Place de la Liberté, Tel. 02 51 33 40 47, Fax 02 51 33 96 42, www.ville-jardsurmer.fr*

Marais Poitevin **[118 B–C 1–2]**
30 km nordöstlich von La Rochelle erstreckt sich diese weite Sumpflandschaft, durch die sich Tausende von Kanälen ziehen. Seit jeher bewegen sich die Menschen hier mit flachen, schwarzen Booten vorwärts – ob sie zur Kirche wollen oder zum Bäcker. Touristen können es ihnen heute gleichtun – mit einem Führer, denn das Netz aus Wasserwegen ist für Uneingeweihte ein riesiger Irrgarten. Aber ein schöner! Pappeln, Weiden, Eschen und hohes Schilf säumen die Ufer, Reiher bewachen sie. Gelegentlich sieht man sogar Biber. Ausgangspunkte sind u. a. *Arçais, Coulon, Damvix* und *Maillezais. www.marais-poitevin.com*

Notre-Dame-de-Monts **[116 B4]**
Der Küstenort (1500 Ew.) bietet beste Bedingungen für Wassersport und Kajaktouren in die Kanäle der Marschen *(Pôle Nautique, Boulevard des Dunes, Tel. 02 51 58 05 66)*. Interessant sind *Le Jardin de Vent* (s. Kapitel »Mit Kindern reisen«) und das Freiluftmuseum *La Maison de la Dune et de la Fôret (50, Avenue Abbé Thibaud, Juli/Aug. Mo, Mi, Do, Fr 10–12.30 und 15.30 bis 18.30, Di 15–18.30, April, Juni, Sept. Mi 14.30–17 Uhr)* über die landwirtschaftliche Tradition der Vendée. Einen tollen Blick über die Marschlandschaft ringsum und Noirmoutier hat man von der 70 m hohen *Salle Panoramique (Juli/Aug. Mo–Sa 10–19, So 15–19, Mai, Juni, Sept. Mo–Sa 10–12 und 14 bis 18, So 15–19 Uhr)* des Wasserturms. Auskunft: *6, Rue de la Barre, Tel. 02 51 58 84 97, Fax 02 51 58 15 56, http://mairie.orange.fr/notre.dame.de.monts*

Insider Tipp

Rochefort **[118 C3]**
Wichtigste Sehenswürdigkeit von Rochefort (26 000 Ew., gut 30 km südlich) ist die *Corderie Royale,* die königliche Seilmacherei, ein 375 m langer barocker Bau, restauriert und durch eine Gartenanlage am Flussufer verschönert. Darin ist u. a. das *Centre International de la Mer (April–Sept. tgl. 9–19, Okt. bis März 10–18 Uhr)* untergebracht, eine Ausstellung über die einstige königliche Seilfabrik; am Ufer entsteht derzeit eine Nachbildung des historischen Dreimasters Hermione. Auskunft: *Avenue Sadi-Carnot, Tel. 05 46 99 08 60, Fax 05 46 99 52 64, www.ville-rochefort.fr*

Les Sables-d'Olonne **[116 C6]**
80 km nordwestlich von La Rochelle liegt der lebhafte Badeort (16 000 Ew.) mit der 3 km langen Strandpromenade *Le Remblai.* Sehenswert sind der *Fischerhafen,* die Kapelle *Prieuré Saint-Nicolas* (11. Jh.) und

der Leuchtturm *Tour d'Arundel* am Eingang des Hafenkanals.

Köstliche Meeresfrüchte isst man im *Le Clipper (Di/Mi geschl., 19 bis, Quai Guiné, Tel. 02 51 32 03 61, €€)* im Fischerhafen. Nur 50 m zur Grande Plage sind es vom gepflegten Hotel *Arc en Ciel (37 Zi., 11, Rue Chanzy, Tel. 02 51 96 92 50, Fax 02 51 96 94 87, www.arcenciel-hotel.com, €€)*. Auskunft: *1, Promenade Joffre, Tel. 02 51 96 85 85, Fax 02 51 96 85 71, www.lessables dolonne-tourisme.com*

Saint-Gilles-Croix-de-Vie **[116 B5]**

Saint-Gilles-Croix-de-Vie (7000 Ew.) ist ein gemütliches Familienbad gut 100 km nördlich von La Rochelle. 250 Fischer fahren hier noch aufs Meer, um Sardinen zu fangen. In einer Fabrik in Hafennähe wird in Konserven gefüllt, was nicht auf dem Fischmarkt landet. Markenzeichen des weiten und bei Ebbe breiten Strandes sind die blauen Holzhäuschen, in denen Urlauber ihre Badesachen aufbewahren. Wer mehr Platz sucht, weicht auf die rechte Seite aus, die nur zu Fuß, per Fahrrad oder mit dem Wasserbus (Abfahrt vom Fischerhafen) zu erreichen ist: Die *Grande Plage* erstreckt sich auf einer Landzunge zwischen Meer und der Mündung des Flusses Vie.

Auf der Place du Vieux Port findet im Juli und August jeden Abend ein Handwerkermarkt statt. In der *Moulerie de la Gare (tgl., 50, Quai de la République, Tel. 02 51 55 07 28, €)* stehen 42 Muschelgerichte zur Wahl. Auskunft: *Boulevard de l'Égalité, Tel. 02 51 55 03 66, Fax 02 51 55 69 60, www.stgillescroix devie.com*

Insider Tipp

Insider Tipp

Das benachbarte *Saint-Hilaire-de-Riez* besitzt eine rauere und steilere Küste. Im Norden folgt *Saint-Jean-de-Monts,* das wegen seines breiten Sandstrandes berühmt ist, den jedoch Hotel- und Apartmentburgen säumen.

La Tranche-sur-Mer **[116 B2]**

13 km feiner Sandstrand und rund 250 Sonnentage im Jahr machen

Endlose Sandstrände und immer eine frische Brise: Les Sables-d'Olonne

diesen 40 km nördlich von La Rochelle gelegenen Ort (2100 Ew.) mit weiß gekalkten Häuschen zu einem beschaulichen Paradies für Sonnenanbeter und Wassersportler. Auch Familien mit Kindern wird hier eine Menge geboten, der Ort ist als »Station Kid« ausgezeichnet. Auskunft: *Place de la Liberté, Tel. 02 51 30 33 96, Fax 02 51 27 78 71, www.ot-latranchesurmer.fr*

ROYAN

[118 C5] Der überdachte Markt sieht aus wie ein riesiger Regenschirm, zwei Armen gleich breitet sich die Promenade aus Bars und Boutiquen, Restaurants und Remmidemmi um den Yachthafen. Die Stadt (19 000 Ew.), die sich an der Nordseite der Girondemündung an einer 2 km langen Bucht erstreckt, hat mit anderen Badeorten der Region nur den langen Strand gemein. Im 19. und frühen 20. Jh. kamen der Geldadel aus Bordeaux, Schriftsteller und Künstler hierher. Émile Zola fotografierte die Küste, Picasso malte das Café des Bains, Maurice Chevalier und Sarah Bernhardt legten im Strandkorb die Beine hoch. Dass von ihrem Royan nichts geblieben ist als Bilder und Erinnerungen, ist der deutschen Armee geschuldet: Im Januar 1945 lieferte sie sich heftige Gefechte mit den Alliierten, 85 Prozent der Stadt wurden zerstört. An der Frage des Wiederaufbaus schieden sich nach dem Krieg die Geister. Originalgetreu oder ganz neu und anders? Dann sah ein Stadtplaner Bauten des deutschbrasilianischen Architekten Oscar Niemeyer, und das Ergebnis war ein Hauch von Tropenarchitektur.

SEHENSWERTES

Église Notre-Dame

Wie eine Orgel sieht die 1955–58 aus Stahlbeton erbaute Kirche aus, deren Schiff in der Höhe variiert (28–36 m). Sie ist ein Beispiel der brasilianisch inspirierten Architektur, mit der sich Royan nach seiner Zerstörung im Krieg neu erfand.

Front de Mer

In einer weiten, geschwungenen Linie erstreckt sich der fast endlose, dreistöckige Komplex aus Restaurants und Geschäften um die Bucht. Zur Zeit ihrer Entstehung war diese großzügige Meeresfront Inbegriff moderner Urbanität.

Parc Jardins du Monde

Ein japanischer, ein mediterraner, ein englischer Garten, ein Bambuslabyrinth und mehr. *5, Avenue des Fleurs de la Paix, Juli/Aug. tgl. 10 bis 20, Sept.–Juni 10–18 Uhr*

ESSEN & TRINKEN

Le Carrelet

Fischgerichte, Meeresfrüchte und regionale Spezialitäten. *Tgl., 56, Front de Mer, Tel. 05 46 38 60 40,* **€€**

L'Étoile de la Mer

Insider Tipp

Schlemmen von *foie gras* bis Hummer. *Di-Abend und Mi geschl., 2, Rue de l'Étoile de la Mer, Tel. 05 46 05 02 35,* **€€€**

ÜBERNACHTEN

Beau Rivage

Am oberen Ende der Bucht, mit Blick auf Meer und Mündung. *22 Zi., 9, Façade de Foncillon, Tel. 05 46 39 43 10, Fax 05 46 38 22 50, www.hotel-beau-rivage-royan.com*, €€

SPORT & STRÄNDE

Hauptstrand ist die 2 km lange *Grande Conche*, wo Segeln, Jetski, Kajak, Kitesurfen, Surfen und Tauchen angeboten werden. Bootsausflüge nach Ré, Oléron und Aix.

AUSKUNFT

Im Palais des Congrès, Tel. 05 46 23 00 00, Fax 05 46 38 52 01, www.royan-tourisme.com

ZIELE IN DER UMGEBUNG

La Palmyre **[118 B4]**
17 km nordwestlich von Royan liegt der Badeort La Palmyre (700 Ew.) in einem im 19. Jh. angelegten, über 80 km² großen Pinienwald am Meer. Vorgelagerte Sandbänke bilden die ruhige Badebucht *Bonne Anse*, die sich besonders für Familien eignet; es gibt aber auch Strände für Surfer sowie FKK-Zonen. Ein 35 km langer Radweg verbindet La Palmyre mit dem Dorf *La Tremblade*, das für seine Austernzucht berühmt ist. In der Nähe liegt an der Pointe de la Coubre der Leuchtturm Phare de la Coubre. Auskunft: *2, Avenue de Royan, Tel. 05 46 22 41 07, Fax 05 46 22 52 69, www.la-palmyre-les-mathes.com*

Saintes **[119 D4]**
35 km nordöstlich von Royan liegt diese zur Römerzeit angelegte Stadt (26 000 Ew.). Sehenswert sind die romanischen Kirchen *Cathédrale Saint-Pierre (tgl. 9–19 Uhr)* und *Église Saint-Eutrope (tgl. 9–19 Uhr)* sowie das Kloster *Abbaye aux Dames (April–Sept. tgl. 10–12.30 und 14–19 Uhr)* aus dem 11. Jh. An die Römerzeit erinnern der Bogen *Arc de Germanicus*, die *Thermes de Saint-Saloine* und das *Amphitheater (Juni–Sept. tgl. 10–20 Uhr)*, das 15 000 Zuschauern Platz bot. Auskunft: *Villa Musso, 62, Cours National, Tel. 05 46 74 23 82, Fax 05 46 92 17 01, www.ot-saintes.fr*

Saint-Palais-sur-Mer **[118 B5]**
Zu den Trümpfen des lebhaften, kleinen Badeorts (3400 Ew.) 6 km nordwestlich von Royan zählen schöne, feinsandige Strände, elegante Villen im Belle-Époque-Stil und die attraktive Lage an der Mündung der Gironde. Auskunft: *1, Avenue de la République, Tel. 05 46 23 22 58, Fax 05 46 23 36 73, www.saint-palais-sur-mer.com*

Leuchtturm La Coubre bei Royan

Wasser, Wald und Wein

Die endlosen Sandstrände der »Silberküste« mit ihrer kräftigen Brandung locken Badende und Surfer, die Weinschlösser im Hinterland die Genießer

250 km Sandstrand sind ein gutes Argument für einen Urlaub an der Côte d'Argent, der »Silberküste«. Der Küstenstreifen zwischen der Mündung der Gironde und der des Adour bei Bayonne verdankt seinen Namen dem Glitzern des Meeres im Sonnenlicht. Im Hinterland liegt das mit 10 000 km^2 größte Waldgebiet Europas. Es entstand, als man zu Beginn des 19. Jhs. Sandkiefern anzubauen begann, um ein Vorrücken der Dünen ins Landesinnere zu verhindern, und die Moore trockenlegte. Heute gehört die Forstwirtschaft zu den wichtigen Industrien der Region.

Weil sich der Atlantik hier oft von seiner ungezähmten Seite zeigt, sind die landeinwärts gelegenen Seen ideale Bade- und Wassersportalternativen. Viele Orte sind aufgeteilt in einen Stadtteil am See und einen am Meer. Landschaftlich besonders eindrucksvoll ist die Dune du Pilat, die mit 114–117 m höchste Düne Europas. Sie ist das meistbesuchte Naturdenkmal Aquitaniens und bietet einen phantastischen Blick auf die Küste und das Becken von Arcachon, das als ruhiges Minibinnenmeer ideal zum Baden ist – und zudem Zuchtgebiet hervorragender Austern. Neben dem Wasser, das der Region Aquitanien den Namen gegeben hat, spielt der Wein hier eine wichtige Rolle. Schon seinetwegen lohnt es sich, die Badeorte immer mal wieder für Touren ins Landesinnere zu verlassen. Im 1. Jh. demonstrierten die Römer, was sich aus Trauben alles machen lässt. Seither haben die Bewohner der Region diese Kunst so weit verfeinert, dass die meisten Weine heute standesgemäß in Schlössern zu Hause sind: den berühmten *châteaux* im Médoc, Haut-Médoc und rund um Bordeaux und Bergerac. Auch kleine Weingüter

Wem der Atlantik zu wild ist, der »radelt« auf den Binnenseen

Dem Himmel entgegen: Tour Pey-Berland, der frei stehende Glockenturm der Kathedrale von Bordeaux

lohnen einen Besuch, und die meisten Winzer öffnen gerne ihre Keller zur Besichtigung und Verkostung.

ARCACHON

[120 A4] Der lebhafte, im Hochsommer rummelige Badeort (12 000 Ew.) am 155 km² großen Becken von Arcachon lässt mit einer Promenade voller Restaurants und der Fußgängerzone Rue Maréchal-de-Lattre-de-Tassigny mit Cafés, Boutiquen und Eisbuden nicht vermuten, dass die ersten Touristen in Arcachon Lungenkranke waren, die hoffnungsfroh Meerluft und Pinienduft inhalierten. Auch Adel und künstlerische Prominenz fanden das Seebad hip, nachdem Napoleon III. hier 1863 Urlaub gemacht hatte. Mit mehr als 7 km Strand und vielen Unterhaltungsmöglichkeiten für Kinder ist das Städtchen heute ideal für Familien. Im Fischerhafen arbeiten 350 Fischer, der Yachthafen hat 2600 Liegeplätze.

SEHENSWERTES

Basilique Notre Dame
Insider Tipp
Interessanter noch als die Kirche aus dem 19. Jh. ist die *Chapelle des Marins,* die Kapelle der Seeleute (18. Jh.): Aus Seenot Gerettete haben sie mit Votivbildern und Bojen geschmückt.

Ville d'Été
In der »Sommerstadt« am Fuß des Hügels tobt zwischen dem hübschen Bahnhof und der Uferpromenade das Leben. Vom Hauptstrand legen die Boote nach Cap-Ferret und zu Touren ins Becken von Arcachon ab, etwa zur Île aux Oiseaux. Strandnah liegt das Kasino. Seit 1903 rollen hier Roulettekugeln.

Ville d'Hiver
Die waldreiche »Winterstadt«, in der die Reichen und gesundheitlich Angeschlagenen aus Bordeaux ab den Siebzigerjahren des 19. Jhs. ihre Residenzen bauten, ist ein Sammelsurium aus verspielter Architektur. Man unterscheidet drei Bauschübe: Die »Pioniere« der 1860er-Jahre (solide Bauwerke mit viel Holz), die »Verrückten« von den 1870ern bis zur Belle Époque mit fremdländischen und phantastischen Elementen und schließlich die »Bescheidenen« der 1920er-Jahre. Die Straßen verlaufen in geschwungenen Bögen, um den Wind auszutricksen. Solchermaßen geschützt, gedeiht hier eine mediterrane Vegetation. Einen Überblick bietet das *Observatoire Sainte-Cécile,* eine Eisenkonstruktion, auf die 75 Stufen führen. Am Bau war Gustave Eiffel beteiligt.

ESSEN & TRINKEN

Le Patio
Die wohl beste Küche am Ort führt Chef Bruno Falgueirettes. *Im Winter Di geschl., 10, Boulevard de la Plage, Tel. 05 56 83 02 72,* €€€

Chez Pierre
Fisch und Meeresfrüchte in sehr guter Qualität an der Promenade. *Tgl., 1, Boulevard Veyrier-Montagnères, Tel. 05 56 22 52 94,* €€

Chez Yvette
Insider Tipp
Köstliche Austern aus eigener Zucht und andere Meeresfrüchte. *Tgl., 59, Boulevard du Général Leclerc, Tel. 05 56 83 05 11,* €€

EINKAUFEN

In der Markthalle neben dem Tourismusbüro ist *tgl. (im Winter Mo, Mi, So) von 8 bis 13 Uhr Markt.*

ÜBERNACHTEN

Ferienwohnungen L'Aquarium
Studios und Wohnungen 300 m vom Strand. *Tel. 05 56 83 57 37, Fax 05 56 22 53 40, contact.hotel @wanadoo.fr*

Kyriad Hotel de la Plage
Strandnah gelegenes Mittelklassehotel mit kleinen Zimmern, aber freundlichem Service. *55 Zi., 10, Avenue Nelly de Deganne, Tel. 05 56 83 06 23, Fax 05 56 83 41 47, www.hotelarcachon.com,* €€

Grand Hotel Richelieu
Alter Glanz am Strand. Hier logierte schon Kaiserin Sisi. *45 Zi., 185, Boulevard de la Plage, Tel. 05 56 83 16 50, Fax 05 56 83 47 78, www.grand-hotel-richelieu.com,* €€–€€€

Thalazur
Zentrum für Thalassotherapie mit Hotel. *94 Zi., Avenue du Parc , Tel. 05 57 72 06 72, Fax 05 57 72 06 60, www.thalassofrance.com,* €€€

SPORT & STRÄNDE

Der *Péreire-Strand* erstreckt sich über 3 km und wird von der Promenade gesäumt. An ihm liegen Spielplätze, ein Skatepark und Rasenflächen. Am *Moulleau-Strand* badet die Jugend, der *Arbousiers-Strand* im Westen ist Treffpunkt für Surfer. Surfen, Rudern, Tauchen, Jetski, Motorbootverleih und Katamarantouren gehören zum Angebot mehrerer Veranstalter im Yachthafen. Kajakfahrten und -verleih bei *Arcachon Kayak Adventure (24, Rue Alfred Déjean),* einen *Tennisclub* (20 Sandplätze, zwei Hallen) finden Sie im Péreire-Park *(7, Avenue de*

MARCO POLO Highlights »Côte d'Argent«

★ **Pauillac**
Weinselig von Château zu Château (Seite 72)

★ **Musée d'Art Contemporain CAPC**
Avantgardistische Kunst in einem alten Hafenspeicherhaus in Bordeaux (Seite 64)

★ **Dune du Pilat**
Die Aussicht von Europas höchster Düne ist ein Erlebnis (Seite 60)

★ **Biscarrosse**
Mehr als Meer: Hier badet man herrlich auch im See (Seite 61)

★ **Saint-Émilion**
Das Weindorf hat alles, was Frankreichs Reiz ausmacht (Seite 67)

★ **Phare de Cordouan**
Der älteste Leuchtturm Europas in der Girondemündung (Seite 75)

Parc). Ein Uferweg führt Wanderer um das Becken von Arcachon. Golfer erwartet im *Golf Club d'Arcachon (35, Boulevard d'Arcachon, Tel. 05 56 54 44 00, Fax 05 56 66 86 32)* eine 18-Loch-Anlage.

AM ABEND

Zum *Kasino (163, Boulevard de la Plage)* gehört auch der *Club Le Scotch.* Ebenfalls schick: *L'Escorida (177, Boulevard de la Plage).*

AUSKUNFT

Esplanade Georges Pompidou, Tel. 05 57 52 97 97, Fax 05 57 52 97 77, www.arcachon.com

ZIELE IN DER UMGEBUNG

Cap Ferret **[120 A4]**

An der Südspitze der Landzunge, die das Bassin d'Arcachon von Norden her umschließt, liegt die Pointe du Cap Ferret mit ihrem 53 m hohen *Leuchtturm (Juli/Aug. tgl. 10–19.30, April–Juni und Sept. 10–12.30 und 14–18, Okt.–März Mi–So 14–17 Uhr).* Tolle Aussicht über die Bucht und auf die Düne von Pilat. Auskunft: *1, Avenue du Général de Gaulle, Tel. 05 56 03 94 49, Fax 05 57 70 31 70, www.lege-capferret.com*

Dune du Pilat **[120 A4]**

★ Kommen Sie vor der Völkerwanderung, die sich ab 10 Uhr an den Souvenirbuden vorbei die 170 in den Sand getriebenen Stufen zur 10 km südlich von Arcachon gelegenen größten Düne Europas (114–117 m Höhe, knapp 3 km Länge) hinaufschwitzt. Der Blick über Pinienwälder, weiße Sandbänke im tiefblauen Meer und die Dünenkämme ist so phantastisch, dass Sie sich durch die 2,30 Euro Park-

Rechts wogt der Pinienwald, links der Ozean: Dune du Pilat

gebühr pro Stunde nicht abschrecken lassen sollten. Südlich der Düne liegen viele Campingplätze direkt am Meer. Auskunft: *Rond-Point du Figuier/2, Avenue Ermitage, Pyla-sur-Mer, Tel. 05 56 54 02 22, Fax 05 56 22 58 84*

BISCARROSSE

[120 A5] ★ Seebad und Badesee an einem Ort: Biscarrosse (13 000 Ew.) ist dreigeteilt in die Stadtteile *Plage, Ville* und das Wassersportdorado *Biscarrosse-Lac* am Südufer des Lac Nord. Ein Fahrradweg führt von Ort zu Ort, die Landschaft ist teilweise moderat hügelig. Zwei Kanäle verbinden die Seen Lac Sud, Petit Lac de Biscarrosse und Lac Nord miteinander. So ergänzen sich Küste und Hinterland zum perfekten Urlaubsort. Ist der Atlantik zu rau, geht man an den nördlichen See, dessen flache Ufer auch für Kinder angenehm sind. Wassersportlern bieten sich unbegrenzte Möglichkeiten. Biscarrosse-Plage bündelt mit Markt, Boutiquen, Cafés und 10 km Strand hinter Pinienwald alle Vorzüge eines Badeorts. Im Sommer lädt das Office du Tourisme montags um 12 Uhr zur Weinprobe.

MUSEEN

Musée de l'Hydraviation
In Biscarrosse wurde von 1930 bis 1955 die Wasserfliegerei entwickelt und erprobt. Ihre Geschichte ist Thema dieses Museums. *331, Avenue Louis Bréguet, Biscarrosse-Ville, Juli/Aug. tgl. 10–19, Sept.–Juni Mi–Mo 14–18 Uhr, www.asso-hydraviation.com*

Musée des Traditions et de l'Histoire
Geschichte und Traditionen der Stadt erklärt dieses Museum. *215, Avenue Louis Bréguet, Biscarrosse-Ville, Juli/Aug. Mo–Sa 9.30–19, So 14–18, Juni und Sept. Di–Sa 10–12 und 14–18, Mitte Feb.–Mai Di–Sa 14–18 Uhr*

ESSEN & TRINKEN

Le Parcours Gourmand
Schick und mit Blick ins Grüne speist man im Golfclub. *Tgl., Avenue du Golf, Tel. 05 58 09 84 93,* €€€

La Plage
Meeresfrüchte auf dem Strand von Biscarrosse-Plage. *April–Okt. tgl., kein Tel.,* €

Restaumer
Fisch und Meeresfrüchte, mit angeschlossenem Fischmarkt – entsprechend lebhaft ist die Atmosphäre. *März–Okt. tgl., 210, Avenue de la Plage, Tel. 05 58 78 20 26, www.restaumer.fr,* €

Le Saint-Ex Insider Tipp
Traditionelle Küche in einem zu Ehren des Schriftstellers Antoine de Saint-Exupéry wie ein Wasserflugzeug ausgestatteten Restaurant. Der Autor des »Kleinen Prinzen« hatte in den Dreißigerjahren in Biscarrosse Seeflugzeuge getestet. *Mitte Juni–Sept. tgl., sonst abends geschl., Place de l'Église, Biscarrosse-Ville, Tel. 05 58 78 16 16,* €€

EINKAUFEN

Großer *Markt* mit regionalen Produkten, Kleidern und Souvenirs tgl. in Biscarrosse-Plage.

ÜBERNACHTEN

Camping

Biscarrosse verfügt über sieben Viersterneplätze. Freibad, beheizbares Hallenbad, Restaurant, Supermarkt und mehr als 700 Plätze bietet *Camping Domaine de la Rive (Route de Bordeaux, Tel. 05 58 78 12 33, Fax 05 58 78 12 92, www.larive.fr)* am Lac Nord.

Hôtel La Caravelle

In Biscarrosse-Lac das einzige Haus mit Seeblick, Strand und Bootsanleger. Restaurant mit regionaler Küche. Die Inhaberin spricht Deutsch. *11 Zi., 5314, Route des Lacs, Tel. 05 58 09 82 67, Fax 05 58 09 82 18, www.lacaravelle.fr,* €€

Hôtel La Forestière

Das Waldstück neben dem einzigen Dreisternehotel von Biscarrosse ist abgeholzt und das Haus somit eines Teils seines Charmes beraubt. Die 50 nicht sehr geräumigen Zimmer gruppieren sich um einen Pool. Mit Restaurant. *1300, Avenue du Pyla, Tel. 05 58 78 24 14, Fax 05 58 78 26 40, www.hotellaforestiere.com,* €

Hôtel Les Vagues

Schlichtes, sympathisches Haus 300 m vom Strand am Pinienwald. Mit Restaurant. *29 Zi., 99, Rue des Iris, Tel. 05 58 83 98 10, Fax 05 58 83 98 14, www.lesvagues.com,* €–€€

SPORT & STRÄNDE

Segeln, Bootsverleih, Wellenreiten, Wasserski, Bootsfahrten über die Seen, Strandsegeln, Kinderstrandclub, Tauchen, Golf, Fahrradverleih: Es gibt so gut wie nichts, was es nicht gibt ... Der südliche Strandabschnitt ist unbewacht und FKK-Refugium.

AM ABEND

Angesagter Club in Biscarrosse-Plage ist *Le Sun (nur Juli/Aug., 28, Rue des Tamaris)*. Auch ein *Kasino (Boulevard des Sables, Biscarrosse-Plage)* fehlt nicht.

AUSKUNFT

55, Place de la Fontaine, Biscarrosse-Plage, Tel. 05 58 78 20 96, Fax 05 58 78 23 65, www.biscarrosse.com

BORDEAUX

Karte in der hinteren Umschlagklappe

[120 C3] Bordeaux (210 000, Großraum 696 000 Ew.), Welthauptstadt des Weins und Hauptstadt der Region Aquitanien, erfreut sich nicht nur bester Lage zwischen Weinschlössern und weiten Stränden, es hat auch als Stadt ganz eigenen Reiz. Die Metropole an der Garonne hat sich einer Verschönerungskur unterzogen, die ihre Architektur wieder zur vollen Geltung bringt. Die Altstadt mit ihren 5000 klassizistischen, denkmalgeschützten Häusern wurde restauriert, die Fassaden aufgehellt. Nun sollen auch noch die Autos aus der City verschwinden. Die Altstadt ist mit einem System miteinander verbundener Parkhäuser unterkellert, einige Straßen sind nur Fußgängern und Anwohnern zugänglich.

Das Monument aux Girondins reckt sich auf der Place des Quinconces

Ihr harmonisches Erscheinungsbild verdankt die Stadt der Neugestaltung im 18. Jh. Den nötigen Reichtum hatte Bordeaux das Weingeschäft mit England beschert. Im 18. Jh. kam wie in Nantes und La Rochelle der Dreieckshandel hinzu: Sklaven aus Westafrika wurden auf den Antillen gegen Indigo, Vanille, Zucker und Kaffee getauscht, die daheim Riesengewinne brachten. Heute verfügt Bordeaux über ein großstädtisches Kulturangebot und hervorragende Einkaufsmöglichkeiten. *www.bordeaux.fr*

SEHENSWERTES

Cathédrale Saint-André
Sehenswert sind das Königsportal mit zehn Aposteln, Auferstehung und Jüngstem Gericht sowie das Nordportal mit der Darstellung von Abendmahl, Himmelfahrt und dem Triumph Christi. *Place Jean Moulin*

Esplanade des Quinconces
Mit 126 000 m^2 einer der größten Plätze Europas, der 1818–28 am Flussufer angelegt wurde. Die 1902 fertiggestellte, fast 50 m hohen Säule mit einer Freiheitsstatue darauf erinnert an die 1792 hingerichteten Girondisten. An ihrem Sockel plätschern zwei von Bronzeskulpturen geschmückte Brunnen. Zwei weitere Statuen stellen den Essayisten Michel de Montaigne und den Staatstheoretiker Charles de Secondat, Baron de Montesquieu, dar.

Maison Calvet Insider Tipp
Der Keller des Weinhandelshauses Calvet, seit 1818 in Familienbesitz, kann seit kurzem besichtigt werden (mit Verkostung!). *81, Cours du Médoc, Juni–Okt. Di–Sa 10–17 Uhr*

Maison du Vin Insider Tipp
Für Freunde des Weins Pflicht: Verkostung und Information über die Weingüter des Bordelais. *3, Cours du 30 Juillet, Mo–Fr 9–17 Uhr*

Place de la Bourse
An der Uferpromenade erstrahlt die elegante Place de la Bourse, die im Norden von der Börse, im Süden vom einstigen Zollamt (heute Zollmuseum) gerahmt wird. Die Mitte ziert der Brunnen der Drei Grazien aus dem 19. Jh.

Place de la Comédie
Hier erhebt sich das prachtvolle, 1773–80 im neoklassizistischen Stil errichtete *Grand Théatre* (Karten unter *Tel. 05 56 00 85 95*) und

gegenüber das ebenfalls vom Architekten Victor Louis entworfene *Hôtel de Rolly.*

Tour Pey-Berland

Von der Aussichtsplattform des 47 m hohen, frei stehenden Glockenturms der Kathedrale öffnet sich ein schöner Blick auf die Stadt. *Juli/Aug. tgl. 10–19, Juni und Sept. 10–18, Okt.–Mai 10–12.30 und 14–17 Uhr*

MUSEEN

Musée d'Aquitaine

Der Geschichte Aquitaniens ist dieses Museum gewidmet. Mit archäologischen Fundstätten und Abteilungen für Weinbau und Austernzucht. *20, Cours Pasteur, Di–So 11 bis 18 Uhr*

Musée d'Art Contemporain CAPC

★ Hervorragende Sammlung zeitgenössischer Kunst. Rund 700 wegweisende, seit den Siebzigerjahren entstandene Zeichnungen, Gemälde, Fotografien, Installationen und Skulpturen sind im Centre d'Arts Plastiques Contemporains ausgestellt, das sich in einem sehenswerten Lagerhaus aus dem frühen 19. Jh., dem Entrepôt Laîné, befindet. *Entrepôt, 7, Rue Ferrère, Di–So 11 bis 18 (Mi bis 20) Uhr*

Musée des Beaux Arts

Gemälde aus dem 17.–20. Jh., darunter Werke von Rubens, Matisse, Picasso und Renoir. *20, Cours d'Albret, Mi–Mo 11–18 Uhr*

ESSEN & TRINKEN

Insider Tipp **Baud & Millet**

Alles Käse: In diesem Restaurant mit angeschlossenem Käsegeschäft dreht sich fast alles um das Milcherzeugnis: 200 Sorten stehen zur Wahl, im Keller befinden sich außerdem die korrespondierenden Weine. *So geschl., 19, Rue Huguerie, Tel. 05 56 79 05 77,* €

Café des Arts

Spezialitäten des Südwestens wie Jakobsmuscheln mit Steinpilzen und Ente mit Honigsauce. *Tgl., 138, Cours Victor Hugo, Tel. 05 56 91 78 46,* €€

Insider Tipp **Café du Musée**

Auf dem Dach des CAPC isst man (mittags) gut und in bester Lage. *Mo und abends geschl., 7, Rue Ferrère, Tel. 05 56 00 81 50,* €

Café du Théatre

Jean-Marie Amat serviert ausgezeichnete regionale Spezialitäten wie geschmorte Lammschulter auf Aprikosen in unprätentiösem Bistroambiente. *So/Mo geschl., 3, Square Jean Vauthier/Place Renaudel, Tel. 05 57 95 77 20,* €€

Le Chapon Fin

Eine Institution ist dieser Feinschmeckerpalast, in dem schon der Maler Henri de Toulouse-Lautrec und Englands Edward VII. speisten. Küchenchef Nicolas Frion, ein Schüler von Paul Bocuse, führt eine kreative, aber klassisch französische Küche. *So/Mo geschl., 5, Rue Montesquieu, Tel. 05 56 79 10 10, Fax 05 56 79 09 10,* €€€

Chez Dupont

Regionale Klassiker von *foie gras* bis zu Muschelgerichten im trendigen Quartier des Chartrons. *So/Mo geschl., 45, Rue Notre Dame, Tel. 05 56 81 49 59,* €€

Chez Jean
Ein schnörkelloses Interieur erlaubt in dieser Brasserie, sich ganz auf die Klassiker des Südwestens, darunter ausgezeichnete Fleischspezialitäten, und die Weine aus der Region zu konzentrieren. Do 19–20 Uhr Happy Hour. *Tgl., Place du Parlement, Tel. 05 56 44 44 43,* €

Tupina
Regionale Köstlichkeiten von Kaviar aus Aquitanien bis zur Ente aus den Landes. *Tgl., 6, Rue Porte de la Monnaie, Tel. 05 56 91 56 37,* €€€

EINKAUFEN

Die Fußgängerzone *Rue Sainte-Catherine* ist die wichtigste Adresse für Mode (z. B. *Galeries Lafayette*) und Mitbringsel. Die *Rue Notre-Dame* im Quartier des Chartrons ist Adresse vieler Antiquitätenhändler. Im »goldenen Dreieck« (*Allées de Tourny, Cours Clemenceau* und *Cours de l'Intendance*) sind viele gut sortierte Weingeschäfte vertreten (z. B. *Caves Passavant, 44, Allées de Tourny*). Vor dem Kriegskreuzer »Colbert«, der am Quai des Chartrons auf Höhe des Cours Martinique in der Garonne liegt, findet sonntags ein *Lebensmittel- und Delikatessenmarkt* statt. Von Dienstag bis Sonntag ist der *Markt* in den *Halles Les Capucins* geöffnet.

Insider Tipp

ÜBERNACHTEN

Continental
Schönes Haus aus dem 18. Jh. im »goldenen Dreieck« zwischen Cours Clemenceau, Cours de l'Intendance und Allées de Tourny. Die Zimmer sind zwar einfach, aber das Hotel ist dank seiner Lage ein günstiger Ausgangspunkt für Streifzüge durch die Stadt. *51 Zi., 10, Rue Montesquieu, Tel. 05 56 52 66 00, Fax 05 56 52 77 97, www.hotel-le-continental.com,* €€

Rue Sainte-Catherine: schöne Bürgerhäuser, moderne Geschäfte, nette Cafés

La Maison du Lierre
Ebenfalls im »goldenen Dreieck« gelegenes, gemütliches Hotel in alten Mauern mit Garten. *12 Zi., 37, Rue Huguerie, Tel. 05 56 51 92 71, Fax 05 56 79 15 16, www.maisondulierre.com,* **€€–€€€**

Le Majestic
Zwischen Flussufer, Esplanade des Quinconces und Place de la Comédie liegt dieses angenehme, kleine Hotel. *49 Zi., 2, Rue Condé, Tel. 05 56 52 60 44, Fax 05 56 79 26 70, www.hotel-majestic.com,* **€€€**

Hôtel des Quatres Sœurs
Die Zimmer sind schlicht, aber hell und freundlich, die Lage könnte besser nicht sein. Das erschwert das Parken, doch in der Nähe ist eine Tiefgarage. *29 Zi., 6, Cours du 30 Juillet, Tel. 05 57 81 19 20, Fax 05 56 01 04 28, http://4soeurs.free.fr,* **€€**

La Tour Intendance
Sehr stilvoll ist dieses modern eingerichtete Hotel mit schönen Holzböden und alten, teils freigelegten Mauern. Zudem liegt es mitten im Geschehen. *24 Zi., 16, Rue de la Vieille Tour, Tel. 05 56 44 56 56, Fax 05 56 44 54 54, info@hotel-tour-intendance.com,* **€€–€€€**

AM ABEND

Livejazz und Blues wird im *Le Blueberry (61, Rue Camille Sauvageau)* und im *Le Comptoir du Jazz (57 ter, Quai de Paludate)* gespielt, Chansons im *Le Bokal (10, Rue Buhan).* Einen sehr guten Ruf genießt die *Opéra National de Bordeaux (Tel. 05 56 00 85 95, www.opera-bordeaux.com)* mit drei Spielorten: Opern werden im *Grand Théâtre* aufgeführt, Operetten im *Théâtre Fémina (10, Rue de Grassi),* Symphoniekonzerte im *Palais des Sports (Place de la Ferme de Richemont).* Techno- und Loungemusik wird in der *Dame de Shanghaï (Bassins à Flot, Rue E. Faure)* aufgelegt.

AUSKUNFT

12, Cours du 30 Juillet, Tel. 05 56 00 66 00, Fax 05 56 00 66 01, www.bordeaux-tourisme.com

ZIELE IN DER UMGEBUNG

Bazas **[121 D5]**
Außer für ihre Rinderzucht ist die knapp 60 km südöstlich am Fluss Beuve gelegene Stadt (4300 Ew.) wegen der *Kathedrale Saint-Jean* bekannt. Die ab dem 13. Jh. errichtete gotische Kirche wurde nach ihrer Zerstörung durch die Hugenotten im 16. und 17. Jh. im barocken Stil wiederaufgebaut. Das reich geschmückte Portal blieb erhalten; sehenswert ist auch der Altar aus dem 17. Jh. Auskunft: *Place de la Cathédrale, Tel. 05 56 25 25 84, Fax 05 56 25 95 59, www.ville-bazas.fr*

Blaye **[120 C2]**
Eine gewaltige, 1689 fertiggestelle Zitadelle ist die größte Attraktion des 45 km nördlich von Bordeaux an der Gironde gelegenen Städtchens (5000 Ew.). In der Zitadelle ist ein Dorf mit Kunsthandwerkern und Gastronomie entstanden. Ansonsten dreht sich in Blaye alles um den Wein, hier vor allem den roten. Die *Maison du Vin de Blaye (12, Cours Vauban, Mo–Sa 8.30–12.30 und 14–18.30 Uhr)* gibt einen Überblick.

Das charmante Weinstädtchen Saint-Émilion ist einen Ausflug wert

La Brède **[120 C4]**
18 km südlich von Bordeaux wuchs der Staatstheoretiker Charles Louis de Secondat, Baron de la Brède et de Montesquieu (1689–1755), auf *Château de la Brède* im gleichnamigen Städtchen (3500 Ew.) auf. Das von einem Park umgebene Wasserschloss ist bis heute in Familienbesitz; ein Teil der Räume ist zu besichtigen *(Juli–Sept. Mi–Mo, April bis Juni Sa/So 14–18, Okt.–Mitte Nov. 14–17.30 Uhr).*

Château Montaigne **[121 D3]**
Erschöpft vom Leben zog sich Michel de Montaigne (1533–1592) an seinem 38. Geburtstag in den Bibliotheksturm seines Anwesens zurück, um dort nur mehr in Ruhe zu schreiben. Neun Jahre lang verließ er den Turm nicht, drei Bände seiner berühmten »Essais« waren die Folge. Sie machen den Turm bis heute zu einem viel besuchten Ziel gut 50 km östlich von Bordeaux. Das Schloss brannte im 19. Jh. ab und wurde wiederaufgebaut, der Turm blieb erhalten. *Juli/Aug. tgl. 10–18.30, Mai/Juni und Sept./Okt. Mi–So 10–12 und 14–18.30, sonst bis 17.30 Uhr, Jan. geschl., www.chateau-montaigne.com*

Martillac **[120 C3]**
Wein schmeckt nicht nur, er macht auch schön: Das ist das Motto im Weinkurhotel *Les Sources de Caudalie (49 Zi. und Suiten, Tel. 05 57 83 83 83, Fax 05 57 83 83 84, www.sources-caudalie.com, €€€).* Zwischen Weinbergen können Urlauber wenige Kilometer südlich von Bordeaux auf Château Smith-Haut Lafitte bei Martillac schlemmen, genießen und mit Peeling à la Sauvignon oder einer Weinmassage zugleich etwas für Gesundheit und Schönheit tun.

Saint-Émilion **[121 D3]**
★ 40 km östlich von Bordeaux liegt dieses alte Städtchen (3000 Ew.) auf zwei Hügeln. Die reizvol-

le, autofreie (im Sommer überlaufene) Altstadt und die gut sortierten Weinhandlungen gehören ebenso zu seinen Attraktionen wie die in den Fels gehauene, unterirdische Kirche *Église Monolithe*, die *Katakomben* und die *Chapelle de la Trinité* (9.–13. Jh.).

In der Umgebung gibt es mehrere Dutzend Weingüter – Adressen bekommen Sie beim Office du Tourisme. Regionale Küche und eine große Weinauswahl genießen Sie in der Restaurantbrasserie *Amelia Canta (tgl., 2, Place de l'Église Monolithe, Tel. 05 57 74 48 03,* **€***)*. Im Restaurant der eleganten, in den Mauern eines einstigen Klosters eingerichteten *Hostellerie de Plaisance (12 Zi., 4 Suiten, Restaurant Mai–Okt. Mo geschl., Place du Clocher, Tel. 05 57 55 07 55, Fax 05 57 74 41 11, www.hostellerie-plaisance.com,* **€€€***)* steht Sternekoch Philippe Etchebest am Herd. Wunderschön eingerichtet ist das Insider Tipp *Château Franc Mayne (5 Zi., 14, La Gomerie, Tel. 05 57 24 62 61, Fax 05 57 24 68 25, www.relaisfrancmayne.com,* **€€€***)*; Gäste kommen in den Genuss einer Weinprobe hauseigener Gewächse. Auskunft: *Place des Créneaux, Tel. 05 57 55 28 28, Fax 05 57 55 28 29, www.saint-emilion-tourisme.com*

Saint-Macaire **[121 D4]**
Von Weingütern umgeben liegt das mittelalterliche Städtchen (5700 Ew.) gut 40 km südöstlich von Bordeaux. Schön sind die Kirche *Saint-Sauveur* aus dem 11. Jh., die *Place du Mercadiou (Do Markt)* und die Reste einer Benediktinerabtei aus dem 12. Jh. Auskunft: *8, Rue du Canton, Tel. 05 56 63 32 14, Fax 05 56 76 13 24*

MIMIZAN

[122 C2] Der hübsche Ferienort (8000 Ew.) südlich des Étang d'Aureilhan begründete in den Zwanzigerjahren des 20. Jhs. den Ruhm dieses Teils der Küste. Coco Chanel gehörte zu den frühen Sommergästen. Sie logierte – wie Winston Churchill, Charlie Chaplin und Salvador Dalí – beim Herzog von Westminster, der am See das Schloss Woolsack sein Eigen nannte (heute Privatbesitz). 6 km liegen zwischen Mimizan-Plage und Mimizan-Bourg, doch wachsen beide langsam zusammen. *Plage* ist das Urlaubsidyll mit Fußgängerzone, Uferpromenade, umfangreichem Wassersportangebot und fünf breiten Badestränden. Der 7 km lange Wasserlauf Courant de Mimizan verbindet See und Meer und trennt Mimizans 10 km Strand in die Abschnitte Nord und Süd. In Mimizan-Bourg konzentrieren sich Verwaltung und Industrie in Form einer – leider kilometerweit zu riechenden – Papierfabrik. Mimizan wird seiner Angebote für Kinder wegen als »Station Kid« geführt (s. Kapitel »Mit Kindern reisen«).

SEHENSWERTES

Abtei Bénédictine
Um 1650 verließen die Benediktiner die im Mittelalter bedeutende Abtei an der Straße zwischen Mimizan und Mimizan-Plage. 100 Jahre später war sie von Wanderdünen begraben – nur der Glockenturm ragte aus dem Sand. Das geschnitzte Portal aus dem 13. Jh. zählt die Unesco zum Weltkulturerbe. Eine Ausstellung erzählt die Ge-

schichte von Abtei und Region. *Rue de l'Abbaye, Mitte Juni–Mitte Sept. Mo–Sa 10–12.30 und 14–17 Uhr, http://musee.mimizan.com/index 1.htm*

Fliegerdenkmal
Monument des Ailes

Am 16. Juni 1929 endete für die Atlantikflieger Jean Assolant, René Lefèvre, Arthur Schreiber und Armeno Lotti der Flug vom nordamerikanischen Maine nach Paris mit einer Notlandung am Strand von Mimizan. Ein Denkmal an der Rue Assolant-Lefèvre-Lotti in Mimizan-Plage erinnert daran.

Promenade Fleurie

An der Blumenpromenade *(Rue du Lac)* gedeihen mehr als 300 Pflanzenarten. Mimizan verdankt ihr die Auszeichnung als »Blumenstadt Frankreichs«.

MUSEUM

Musée d'Histoire de Mimizan

Das Museum informiert über die Geschichte der Region, die Nutzung des Waldes und Berufe wie den des Sägewerkers, des Harzzapfers und des Eseltreibers. *Rue de l'Abbaye, Mitte Juni–Mitte Sept. Mo–Fr 14–17 Uhr*

ESSEN & TRINKEN

Le Bistrot de la mer

Meeresfrüchte und Fisch, rustikales Ambiente mit Billardtisch. *Tgl., 8, Avenue Maurice Martin, Tel. 05 58 09 08 56,* **€**

Ile de Malte

Anspruchsvolle Küche; die Wände schmücken alte Ansichten von Mimizan. *Tgl., 5, Rue du Casino, Tel. 05 58 82 48 15,* **€€**

Wind und Wellen an 250 km Sandstrand: die Côte d'Argent bei Mimizan

A Noste

Fisch und Meeresfrüchte bei tollem Blick auf den Strand. *Tgl., Avenue de la Côte d'Argent, Tel. 05 58 09 31 34,* **€€**

Insider Tipp **La Table de la Ferme**

Regionale Küche zu moderaten Preisen; schöner Garten. *Tgl., 31, Avenue Maurice Martin, Tel. 05 58 09 27 81,* **€€**

EINKAUFEN

Markt ist täglich in der Markthalle. Beim *Abendmarkt* am Donnerstag auf der Place du Marché werden Kunsthandwerk, Kleidung und regionale Produkte verkauft.

ÜBERNACHTEN

Camping Airotel Club Marina-Landes

In einem Kiefernwald mit Zugang zum Strand; Geschäfte, Schwimmbad, Restaurant, Spielplatz. *573 Plätze, Rue Marina, Plage Sud, Tel. 05 58 09 12 66, Fax 05 58 09 16 40, www.marinalandes.com*

Hôtel l'Émeraude des Bois

Am Ufer des Courant, mit Restaurant. Fünf Autominuten zum Strand und in den Ort. *15 Zi., 66/68, Avenue de Courant, Plage Sud, Tel. 05 58 09 05 28, Fax 05 58 09 35 73, www.emeraudedesbois.com,* **€**

Hôtel de France

Schlicht, strandnah, nett geführt. Fragen Sie nach den renovierten Zimmern! *21 Zi., 18, Avenue de la Côte d'Argent, Tel. 05 58 09 09 01, Fax 05 58 09 47 16, www.hoteldefrance-mimizan.com,* **€**

FREIZEIT & SPORT

Außer praktisch allen Sportarten und Aktivitäten rund ums Wasser (Wellenreiten, Kanutouren, Rudern, Kajak- und Kanufahren, Tretboot-, Surfbretter- und Bootsverleih, Aqua-Fun-Park) gehören Reiten und Golf zum umfangreichen Angebot.

AM ABEND

Kein Seebad ohne Spielhölle: Das *Kasino* finden Sie in der Rue du Ca-

Kampf mit der Kuh

Die »courses landaises«

Zum Kampf zwischen Kuh und Mensch, der in den Landes zur lebendigen Folklore gehört, braucht es Mut und Geschicklichkeit – jedenfalls aufseiten des Toreros, denn wenn bei dem Kräftemessen am Schluss einer der Beteiligten verletzt – oder gar tot – ist, so ist es bei der *course landaise* der Torero. Denn er hat sich zwar dämpfende Polster unter Hose, Weste und Jacke gezogen, aber er ist unbewaffnet. So spät wie möglich weicht er der auf ihn zurasenden Kuh aus. 150 Arenen gibt es an der Küste und im Hinterland, zwischen März und Oktober geht es an jedem Wochenende rund. Termine unter *www.courselandaise.org.*

Kahnpartie durch den Urwald: Courant d'Huchet, schönster Fluss der Landes

sino. Beliebte Clubs sind *Le Bombay (2, Avenue de la Jetée)*, *Le Mambo (8, Rue Assolant, Lefèvre et Lotti)* und *Les Bains de Minuit (14, Rue Assolant, Lefèvre et Lotti)*.

AUSKUNFT

38, Avenue Maurice Martin, Tel. 05 58 09 11 20, Fax 05 58 09 40 31, www.mimizan-tourism.com

ZIELE IN DER UMGEBUNG

Contis-Plage [122 C2]

23 km südlich von Mimizan liegt der kleine Badeort an der Mündung des Flusslaufs Courant de Contis. Die schönen, kilometerlangen Strände sind ideal für einen ruhigen Badeurlaub. Stolz des Ortes ist der 1862 erbaute *Leuchtturm (Juli/Aug. Di und Do 10–12.30 und 14.30–16.30 Uhr)*, der einzige zwischen Cap-Ferret und Capbreton. Auskunft: *Avenue de l'Océan, Tel. 05 58 42 89 80, Fax 05 58 42 42 45, www.contisplage-stjulien-uza.com*

Courant d'Huchet [122 C3]

Gut 40 km südlich von Mimizan liegt das Naturschutzgebiet um den Courant d'Huchet. Der Strom fließt durch waldreiche Landschaft und bei Huchet ins Meer. Es werden geführte Kanutouren und Wanderungen ab *Pichelèbe* angeboten. Anmeldung unter *Tel. 05 58 48 75 91.*

Léon [122 C3]

Am Lac de Léon liegt dieser hübsche Ferienort (1500 Ew.) 40 km südlich von Mimizan und 7 km vom Meer. Das umfangreiche Freizeitangebot (Golf, Surf- und Segelschule, Reiten) sowie die Bademöglichkeit am See sind ideal für Familien mit Kindern. Am See befindet sich auch der Campingplatz *Lou Puntaou (Au Bord du Lac, Tel. 05 58 48 74 30, Fax 05 58 48 70 42, www.loupuntaou.com)* mit 393 Plätzen, großem Freibad, Kinderclub, Bar und Restaurant. Auskunft: *65, Place Jean Baptiste Courtiau, Tel. 05 58 48 76 03, Fax 05 58 48 70 38, www.ot-leon.fr*

Mit einem historischen Eisenbähnchen geht es ins Écomusée

Moliets-et-Maa **[122 C3]**
Moliets-et-Maa ist ein weiterer der eher ruhigen, vom Andrang großer Massen verschonten Badeorte südlich von Mimizan (47 km). Zu seinen Reizen gehören ein See, viel Pinienwald und der 2,5 km entfernte Strandort Moliets-Plage. Moliets-et-Maa besitzt einen reizenden Ortskern mit hübschen historischen Häusern, Kirche und Kapelle. Das Sport- und Freizeitangebot in Moliets-Plage ist üppig: Durch den Wald führen zahlreiche Wanderwege, es gibt Angelgründe, einen Golfplatz, einen Kletterparcours durch die Baumwipfel, zwei Reitclubs, Tennisplätze, Kiteflying, einen Skatepark sowie Wassersport aller Art. Auskunft: *Rue du Général Caunègre, Tel. 05 58 48 56 58, Fax 05 58 48 52 93, www.moliets.com*

Sabres **[123 D2]**
Allein das Freilichtmuseum *Écomusée de la Grande Lande (Juni–Mitte Sept. tgl., Zug 10.10–12.10 und 14 bis 17.20 Uhr alle 40 Minuten, letzte Rückfahrt 19 Uhr, April/Mai und Mitte Sept.–Okt. Mo–Sa, Züge alle 40 Minuten 14–16.40 Uhr, So 10.10 bis 12.10 und 14–16.40 Uhr, www.parc-landes-de-gascogne.fr)* lohnt den Ausflug von Mimizan gut 45 km landeinwärts. Mit einer kleinen historischen Eisenbahn fährt man von Sabres direkt in die Sumpf- und Heidelandschaft der Landes des 19. Jhs. Im Museumsdorf *Marquèze* bestellen Bauern mit Ochsenkarren Felder, eine Wassermühle plätschert, aus dem Ofen der Bäckerei kommt duftendes Brot: ein Museum für alle Sinne.

Vieux-Boucau-les-Bains/ Port d'Albret **[122 B–C3]**
Unter dem Namen Port d'Albret war dieser Ort 54 km südlich von Mimizan ein nicht unbedeutender Hafen, bis im 16. Jh. die Adour, der größte Fluss der Landes, nach Bayonne umgeleitet wurde. Heute ist Vieux-Boucau (1400 Ew.) als reizvoller und lebhafter Urlaubsort wiederauferstanden: mit schönen Fachwerkhäusern in der autofreien Altstadt, einem See, eindrucksvoller Dünenlandschaft, vielen neuen Ferienhäusern und der Promenade *Le Mail.* Ein angenehmes Hotel in der Fußgängerzone ist *La Côte d'Argent (36 Zi., 4, Grand'Rue, Tel. 05 58 48 13 17, Fax 05 58 48 01 15, www.lacotedargent-vieuxboucau.fr, €).* Auskunft: *11, Le Mail, Tel. 05 58 48 13 47, Fax 05 58 48 15 37, www.ot-vieux-boucau.fr*

PAUILLAC

[120 B1] ★ Die Halbinsel Médoc am Westufer der Gironde ist geistige Heimat aller Rotweinliebhaber der Welt. Der Hauptort, das auf halbem Weg zwischen Küste und Bordeaux gelegene Pauillac (5200 Ew.), ist mit 23 *châteaux* unbedingt ein Ziel für Reisende mit großem Kofferraum. Einen schönen Strand, einen schicken Yachthafen und zahlreiche Möglichkeiten, Wassersport zu treiben, gibt es außerdem.

SEHENSWERTES

Châteaux

Außerhalb der Lesezeit öffnen fast alle *châteaux* ihre Türen für Besucher. Eine Anmeldung (direkt beim Gut oder übers Office du Tourisme) ist zum Kellerbesuch unerlässlich; vor allem die bekannten Weingüter sind oft Wochen im Voraus ausgebucht. Zu den berühmtesten zählen *Château Lafite-Rothschild (Fax 05 56 59 26 83, www.lafite.com), Château Latour (Tel. 05 56 73 19 80, Fax 05 56 73 19 81, www.chateaulatour.fr), Château Pichon-Longueville (Tel. 05 56 73 17 17, Fax 05 56 73 17 28, www.chateaupichonlongueville.com), Château Lynch-Bages (Tel. 05 56 73 24 00, Fax 05 56 59 26 42, www.lynchbages.com), Château Mouton-Rothschild (Tel. 05 56 73 20 20),* der Rolls-Royce unter den Weinschlössern mit eigenem Museum über die Geschichte des Weins, und *Château Gaudin (2/8, Route des Châteaux, Tel. 05 56 59 24 39, Fax 05 56 59 25 26);* in dem Familienbetrieb können Sie eigenhändig eine Flasche verkorken und etikettieren. Dafür gibt es ein »Diplom« als »Maître embouteilleur« und die Flasche als Souvenir.

Insider Tipp

MUSEUM

Petit Musée des Automates

Nicht nur Kinder fasziniert diese Ausstellung mechanischen Spielzeugs. *3, Rue Aristide Briand, Juni bis Sept. Mo–Sa 10–13 und 14–19, So 14–19 Uhr*

Château Mouton-Rothschild: reduzierte Eleganz statt Folklorekitsch

ESSEN & TRINKEN

Insider Tipp **Café Lavinal**
Der Besitzer von Schloss Lynch-Bages, Jean-Michel Cazes, hat seinen Heimatort *Bages* südlich von Pauillac, ein nahezu ausgestorbenes Weindorf, aufgekauft und restauriert – samt Bäcker, Geschäften und diesem Restaurant mit regionaler Küche. *So geschl., Place Desquet, Tel. 05 57 75 00 09,* **€€**

Château Cordeillan Bages
Sterneküche im gleichnamigen Hotel. Der hoch dekorierte, berühmte Koch Thierry Marx steht hier in der Küche. *Di-Mittag, Sa-Mittag und Mo geschl., Route des Châteaux, Tel. 05 56 59 24 24,* **€€€**

EINKAUFEN

Außer Wein gibt es einen hübschen *Markt (Sa-Vormittag, Place du Marché)*. Im Office du Tourisme sind 260 der insgesamt 1500 Weine des Médoc ausgestellt und zu kaufen – zum selben Preis wie in den *châteaux*.

ÜBERNACHTEN

Château Pomys Vin et Séjour
Wer nach der Verkostung nicht mehr fahren will, schläft am besten auf dem Weingut. *10 Zi., Route de Poumeys, Saint-Estèphe, Tel. 05 56 59 73 44, Fax 05 56 59 30 25, www.chateaupomys.com,* **€€**

Hôtel de France et d'Angleterre
An der Girondemündung gelegen, mit hübschem Garten und Restaurant. *29 Zi., 3, Quai Albert Pichon, Tel. 05 56 59 01 20, Fax 05 56 59 02 31, www.hoteldefrance-angleterre.com,* **€€**

AUSKUNFT

La Verrerie, Tel. 05 56 59 03 08, Fax 05 56 59 23 38, www.pauillac-medoc.com

ZIELE IN DER UMGEBUNG

Château Margaux **[120 C2]**
Das 1810 fertiggestellte, neoklassizistische Schloss knapp 20 km südlich gilt als das Versailles des Médoc. Keine Führungen im August, Weinproben nur für Fachpublikum. *Tel. 05 57 88 83 83, Fax 05 57 88 31 32, www.chateau-margaux.com*

Hourtin **[120 A1]**
Der Ort (3250 Ew.) 25 km westlich von Pauillac teilt sich in die Stadtteile Plage, Lac und den Yachthafen Port. Ein Wassersportmekka ist der *Lac d'Hourtin et de Carcans*, der größte natürliche Binnensee Frankreichs. Einer 10 ha großen, autofreien »Kinderinsel« verdankt Hourtin das Label »Station Kid«. Ein empfehlenswertes Hotel ist *Le Dauphin (20 Zi., 17, Place de l'Église, Tel. 05 56 09 11 15, Fax 05 56 09 24 37, hotellerie.sara@wanadoo.fr,* **€***)*. 300 m vom Meer und 4 km vom See liegt der Campingplatz *La Côte d'Argent (Rue d'Aquitaine, Tel. 05 56 09 10 25, Fax 05 56 09 24 96, www.cca33.com)* mit Restaurant und Pools. Auskunft: *Maison de la Station, Tel. 05 56 09 19 00, Fax 05 56 09 22 33, www.hourtin-medoc.com*

Lacanau-Océan **[120 A2]**
Mehr als 14 km Strand hinter hohen Dünen, der See Lac de Lacanau und dichter Kiefernwald zählen neben 2300 Sonnenstunden im Jahr zu den Trümpfen dieses Badeorts

(3400 Ew.) gut 50 km südwestlich. Lacanau ist eines der größten Seebäder der Côte d'Argent. Zum Freizeitangebot gehören neben allen denkbaren Wassersportmöglichkeiten drei Golfplätze, drei Reiterhöfe und ein Netz von Rad- und Waldwanderwegen. Auskunft: *Place de l'Europe, Tel. 05 56 03 21 01, Fax 05 56 03 11 88, www.lacanau.com*

Montalivet-les-Bains **[118 B6]**
Seit den Fünfzigerjahren ist der knapp 40 km nordwestlich gelegene Ort (1900 Ew.) ein Ziel für FKK-Anhänger. Außerhalb der einschlägigen Ferienanlagen wird Nacktbaden auch an der *Plage du Gressier* toleriert. Das 5 km entfernte *Euronat (Grayan-L'Hôpital, Tel. 05 56 09 33 33, Fax 05 56 09 30 27, www.euronat.net)* ist das größte FKK-Zentrum Europas. Es besitzt ein eigenes Thalassozentrum. Auskunft: *Vendays Montalivet, 62, Avenue de l'Océan, Tel. 05 56 09 30 12, Fax 05 56 09 36 11, infos@ot-vendays-montalivet.fr*

Insider Tipp

Phare de Cordouan **[118 B5]**
★ Der Leuchtturm aus dem 16. Jh. im Mündungsbereich der Gironde war früher bei Ebbe zu Fuß erreichbar, liegt heute aber von Wellen umspült 7 km vor der Küste. Er ist der älteste noch in Betrieb stehende Leuchtturm in Europa. Den 67,5 m hohen Turm kann man per Ausflugsboot besichtigen und auch die 311 Stufen erklimmen. In den sechs Etagen wurde außer einer Kapelle auch eine Königssuite eingerichtet, falls der Monarch vorbeischauen sollte. Die »Vedette La Bohème II« steuert den Turm von der *Pointe de Grave* (60 km nördlich von Pauillac) aus an. Die Überfahrt dauert 30 Minuten, der Ausflug vier Stunden *(obligatorische Anmeldung unter Tel. 05 56 09 62 93 oder 06 09 73 30 84)*.

Angenagte Buhnen am Atlantik: Die Kraft des Ozeans war stärker

Soulac-sur-Mer **[118 B5]**
Das nördlichste Seebad (2900 Ew.) der Côte d'Argent gut 50 km nördlich von Pauillac vereint mit Dünen, Pinienwald, Meer und Kasino alle Vorzüge der Silberküste. Die *Plage Centrale* ist durch eine vorgelagerte Sandbank und Wellenbrecher geschützt. Das *Océan Hôtel Amélie (21 Zi., Tel. 05 56 09 78 05, Fax 05 56 09 75 41, www.oceanhotelamelie.com, €€)* mit Swimmingpool und Spielplatz liegt 900 m vom Strand im Wald. Auskunft: *68, Rue de la Plage, Tel. 05 56 09 86 61, Fax 05 56 73 63 76, www.soulac.com*

Schicke Seebäder an schroffer Küste

Im französischen Baskenland: exklusive Badeorte, pittoreske Fischerdörfer – und im Hinterland locken die Pyrenäen

Kurz vor Biarritz verändert sich die Landschaft: Die weiten Sandstrände der Landes werden von der felsigeren baskischen Küste abgelöst, die (auf französischer Seite) nur 30 km lang ist. Glamouröser wird es außerdem: In Biarritz trifft sich seit jeher die bessere Gesellschaft – früher Europas Aristokratie, heute Filmstars und Geldadel. Und Saint-Jean-de-Luz erinnert weniger an die familiären Seebäder der nördlicheren Atlantikküste als an die schicken Ferienorte am Mittelmeer.

Auch sonst verändert sich einiges: Viele Schilder sind zweisprachig beschriftet – in Französisch und *euskara,* der baskischen Sprache –, und in den Namen tauchen plötzlich auffällig viele »x«, »k« und ungewöhnliche Konsonantengruppen auf. Anders als auf der spanischen Seite gibt es im französischen Baskenland aber keine Separatismusbestrebungen. Zwar sympathisiert man mit den baskischen Landsleuten in Spanien, aber die Wurzeln in der französischen Republik sind in dieser wirtschaftlich starken Region tief. Einzig der Wunsch nach einem eigenen Département wird immer wieder geäußert – und die baskische Sprache, die schon unterzugehen drohte, liebevoll gepflegt.

Biarritz: Die einstige Sommerfrische von Kaisern und Königen ist auch heute noch ein beliebtes Urlaubsziel

Markenzeichen der baskischen Pyrenäen: der piment d'Espelette

BIARRITZ

Karte in der hinteren Umschlagklappe

[122 B5] Blühende Hortensien, steile Gassen, schöne Geschäfte und immer neue Blicke aufs Meer: Das Seebad und Wellenreiterdorado Biarritz (30 000 Ew.) ist eine der Perlen der Atlantikküste. 2000 Stunden pro Jahr scheint die Sonne auf

Eine kleine Brücke führt auf den meerumspülten Rocher de la Vierge

die Grande Plage. Seinen alten Glanz hat Biarritz durch neuen, frischen Glamour aufgefrischt. Napoleon III. und seine Kaiserin Eugénie – die sich schon vor ihrer Hochzeit in den Fischerort verliebt hatte – brachten es in Mode. Der Hofstaat folgte ihnen in die Ferien, bald schauten Könige und Zaren vorbei, und Biarritz wurde zu einem frühen Treffpunkt der internationalen Hautevolee. Außer Thalassotherapie, Golf und Wellenreiten gehören Pelotaspiele und baskische Kraftwettkämpfe zu den touristischen Attraktionen der Stadt.

SEHENSWERTES

Chapelle Impériale

Die Kaiserliche Kapelle wurde 1864 in romanisch-byzantinischem Stil mit maurischen Elementen für Kaierin Eugénie errichtet. *Rue Pellot, Di, Do, Sa 15–18 Uhr*

Phare Saint-Martin

1834 errichtet, erhebt sich der 44 m hohre, weiße Leuchtturm auf dem Berg Saint-Martin, der die Sandstrände der Landes von der felsigeren baskischen Küste trennt. Den Aufstieg über die 248 Stufen belohnt ein toller Blick bis nach Spanien. *Juli/Aug. tgl. 10–12.30 und 14.30–19, Mai/Juni und Sept./Okt. Sa/So 15–19 Uhr*

Rocher de la Vierge

Die Eisenbrücke, die den »Jungfrauenfels« in der Brandung mit dem Festland verbindet, soll Gustave Eiffel entworfen haben. Die Statue der Jungfrau Maria bewacht seit 1865 den Felsen.

MUSEEN

Musée Asiatica Insider Tipp

Mit über 1000 Exponaten aus Indien, Tibet, Nepal und China ist dies eines der wichtigsten Museen für asiatische Kunst in Europa. *1, Rue Guy Petit, Mo–Fr 10.30–18.30 Uhr, Sa/So 14–19 Uhr, www.museeasiatica.com*

Musée du Chocolat
Geschichte und Kunst der Schokoladenherstellung. *14–16, Avenue Beaurivage, Di–Sa 10–12 und 14 bis 17.30 Uhr, www.lemuseeduchocolat.com*

Musée Historique de Biarritz
Geschichte der Anfänge und Glanzzeiten der Stadt in der alten anglikanischen Kirche. *Rue Broquedis, Di–Sa 10–12.30 und 14–18.30 Uhr*

Musée de la Mer
Mehr als 150 Fischarten und was sonst noch im Golfe de Gascogne lebt. Besonders bei Kindern beliebt ist die Seehundfütterung. *Esplanade du Rocher de la Vierge, Juli/Aug. tgl. 9.30–24, Juni und Sept. 9.30 bis 19, Okt.–Mai Di–So 9.30–12.30 und 14–18 Uhr, www.museedelamer.com*

ESSEN & TRINKEN

Chez Albert
Fisch und Meeresfrüchte im ehemaligen Fischerhafen. *Mi (außer Juli/Aug.) geschl., Port des Pêcheurs, Tel. 05 59 24 23 84,* **€€**

Bar Jean Insider Tipp
Gleich bei den Markthallen; Frühstück und Tapas, ideal, um das Geschehen zu beobachten. *Tgl., 5, Rue des Halles, Tel. 05 59 24 80 38,* **€**

Jerôme Insider Tipp
Von außen sieht diese postmoderne Eisdiele aus wie ein Kochstudio, innen beweisen Sorten wie »Neige de Sahara« (Zitrone und Orangenblüte) sowie »Salty Dog« (rosa Grapefruit, Wodka und Bisonkraut), dass die Herstellung von Eiscreme eine Kunst ist. *8, Avenue de Verdun*

Marco Polo Highlights »Côte Basque«

★ **Hossegor**
Das Surfdorado ist einer der schönsten Badeplätze der Atlantikküste (Seite 84)

★ **Grande Plage**
Der Hauptstrand von Biarritz zählt zu den schicksten und schönsten Europas (Seite 81)

★ **Corniche Basque**
Von Saint-Jean-de-Luz an die spanische Grenze: traumhafte Küstenroute (Seite 87)

★ **Saint-Jean-de-Luz**
Lassen Sie sich von der Atmosphäre des romantischen Städtchens verzaubern (Seite 84)

★ **Hotel du Palais**
Wenn Biarritz' Hotellegende Ihr Budget übersteigt, genehmigen Sie sich hier wenigstens einen Aperitif – das Flair gibts gratis dazu (Seite 81)

Tapas in der Bar Jean bei den Markthallen von Biarritz

Chez Joel D
Schönes, kleines Austern- und Meeresfrüchterestaurant 200 m von der Grande Plage. Probieren Sie auch die *foie gras! Tgl., 4, Passage Gardères, Tel. 05 59 22 31 32,* **€€**

La Plancha d'Ilbaritz
Außerhalb in Bidart gleich am Strand gelegen. Hier trifft man sich zum Sundowner. Keine Reservierung! *Tgl., Avenue d'Ilbaritz,* **€**

Saint Amour
Winzig kleines Lokal mit traditioneller französischer Küche. *So/Mo geschl., 26, Rue Gambetta, Tel. 05 59 24 19 64,* **€€**

Insider Tipp **Sissinou**
Die kleine Karte umfasst nur je fünf Fisch- und Fleischgerichte, und von außen wirkt das Sissinou unauffällig, doch innen genießt man eine ungemein kreative Küche. *So/Mo geschl., 5, Avenue Maréchal Foch, Tel. 05 59 22 51 50,* **€€€**

EINKAUFEN

Das Angebot in Biarritz ist verführerisch. Jeden Vormittag lockt der Markt in den beiden von Jazzmusik beschallten Hallen (Fisch, Lebensmittel), davor Stände mit Kleidung. Bunte baskische Tischwäsche nicht nur in den traditionellen Streifenmustern z. B. bei *Moutet Tissage (2, Avenue Maréchal Foch)*. Köstlichen Käse gibt es bei *Mille et un Fromage (8, Avenue Victor Hugo)*. Schokolade, Pralinen und vieles Köstliche mehr stellt *Chocolatier Henriet (Place Clemenceau)* her. Die außerhalb in Bidart gelegene *Fabrik (3, Avenue De Bassilour, Mo bis Fr 9–12.45 Uhr)* können Sie besichtigen.

ÜBERNACHTEN

Alcyon Insider Tipp
Kleines Hotel mit hübschem, hellem Frühstücksraum. Internetzugang für Gäste. *15 Zi., 8, Rue Mai-*

son Suisse, Tel. 05 59 22 64 60, Fax 05 59 22 64 64, www.hotel-alcyon-biarritz.com, €€

Le Caritz

Am Strand des Alten Hafens liegt dieses kleine Hotel. Gutes Restaurant (baskische Küche) mit großer Terrasse. *10 Zi., 2 Suiten, Plage du Port Vieux, Tel. 05 59 24 41 84, Fax 05 59 24 19 41, www.lecaritz.com,* €€€

Hotel Centre Biarritz

Zentral zwischen Grande Plage und Markthallen. Kleiner Innenhof. *22 Zi., 7, Rue de Gascogne, Tel. 05 59 24 63 42, Fax 05 59 22 36 54, www.hotel-centrebiarritz.com,* €€

Château du Clair de Lune

Ein Landschlösschen mit Restaurant nebenan; am Stadtrand gelegen. *19 Zi., 48, Avenue Alan Seeger, Tel. 05 59 41 53 20, Fax 05 59 41 53 29, www.chateauduclairdelune.com,* €€€

Hotel du Palais

★ Schlafen wie ein Kaiser: Das zu den »Leading Hotels of the World« gehörige Haus war die Sommerresidenz von Napoleon III. und Kaiserin Eugénie. Eher prunkvoll als stylish. Mit Pool, Spa und drei Restaurants. *154 Zi., 1, Avenue de l'Impératrice, Tel. 05 59 41 64 00, Fax 05 59 41 67 99, www.hotel-du-palais.com,* €€€

SPORT & STRÄNDE

Größter und schönster Strand ist die ★ *Grande Plage,* die sich vom Hotel du Palais bis zum Bellevue erstreckt. Allerdings ist das Meer hier alles andere als zahm, dafür aber ein ausgezeichneter Surfplatz. Das gilt auch für die *Plage Miramar,* die dahinter liegt und weniger voll ist. Wellenreiter lieben auch den Strand *La Côte des Basques.* Der Strand *Le Port Vieux* liegt geschützt und eignet sich gut zum Schwimmen. Das finden allerdings auch viele Hunde.

Force basque

Sport auf Baskisch

Archaisch sind die Sportarten, die die Basken von alters her pflegen: Tauziehen *(soka-tira),* Holzhacken *(aizkolariak),* das Drehen eines schweren Karrens um die eigene Achse *(orga joko)* und Steinestemmen *(harri altxatzea)* – und zwar ernsthaft stemmen: Es handelt sich um Exemplare von mehreren Hundert Kilogramm Gewicht. Was seinen Ursprung in den Erfordernissen des bäuerlichen Alltags hat, wird heute im Rahmen der *force basque,* streng reglementierter Wettkämpfe, von den Mannschaften baskischer Dörfer ausgefochten. Am bekanntesten ist das Festival der *force basque* in Saint-Palais im August. Den traditionellen Ballsport der Basken können auch Menschen ohne auffällige Muskelpakete ausüben: Pelota, eine Art baskisches Squash, das zwei Teams am *frontón,* einer hohen Wand, spielen.

Kathedrale Sainte-Marie in Bayonne

Glamourös geht es an den Stränden *Marbella* und *Milade* zu, die ebenfalls Surferreviere sind.

Wellenreiten gehört zu Biarritz wie Salz zum Meer. Unterricht bieten mehrere Schulen. Für Golfer gibt es zehn Plätze in und um Biarritz. Insider Tipp Der Golf Pass gewährt Zugang zu fünf Plätzen, Information bei Golf Biarritz Le Phare.

Reiter wenden sich an den *Club Hippique de Biarritz (Allée Gabrielle Dorziat, Tel. 05 59 23 52 33)*. Im Port des Pêcheurs sind drei Tauchschulen ansässig, im Kasino gibt es ein beheiztes Meerwasserschwimmbad für kühle Tage. Wer sich im Pelotaspiel üben will, geht z. B. zu *Euskal-Jai (Parc des Sports d'Aguiléra)*.

AM ABEND

Die *Bar Royalty (Place Clemenceau)* besitzt eine schöne Terrasse. Im Restaurant *Ô Saint (Rue Gambetta, Tel. 05 59 24 06 36)* schiebt man zu späterer Stunde die Tische an die Wand und tanzt. Dem *Spielkasino* im Art-déco-Stil an der Promenade sind die Disko *Le BL* und die Loungebar *Carré Coast* angeschlossen. Angesagte Clubs sind *Le Copa (24, Avenue Édouard VIII)*, *Le Caveau (4, Rue Gambetta)*, *Ibiza (Grande Plage)* und *Le Play Boy (Rue Monhau)*.

AUSKUNFT

Square d'Ixelles, Tel. 05 59 22 37 00, Fax 05 59 24 97 80, www.biarritz.fr

ZIELE IN DER UMGEBUNG

Bayonne **[122 B5]**

Der Hafen von Bayonne (43 000 Ew.) an der unteren Adour war seit 1784 Freihandelszone und wichtiger Umschlagplatz für den Handel mit den Antillen, Spanien und Holland. Auch mit dem Waffenhandel brachte es die 10 km östlich von Biarritz gelegene Stadt zu Wohlstand: Hier wurde das Bajonett erfunden und in großer Zahl in die ganze Welt verkauft.

Sehenswert sind die schöne Altstadt, die gotische *Kathedrale Sainte-Marie (Place Pasteur, Mo–Sa 7.30 bis 12 und 15–19, So 15.30–20 Uhr)* und das Insider Tipp *Musée Basque (37, Quai des Corsaires, Di–So 10 bis 18.30, Juli/Aug. Mi bis 21.30 Uhr, www.musee-basque.com)*, das der baskischen Kultur gewidmet ist. Lohnend ist außerdem das *Musée Bonnat (5, Rue Jacques Lafitte, Di bis So 10–18.30 Uhr, www.musee-bonnat.com)* mit Werken von El Greco, Goya, Rubens und Degas.

Bayonnes Altstadt ist mit ihren stolzen Patrizierhäusern und baskischen Fachwerkbauten mit bunten Fensterläden ein schöner, lebhafter Ort zum Schlendern und Shoppen. Insbesondere viele *chocolatiers* sind hier ansässig (z. B. die Filialen des *Atelier du Chocolat, 2, Rue des Carmes,* außerdem mehrere gute Adressen an der *Rue Port-Neuf*), seit im 17. Jh. im Hafen Kakaolieferungen gelöscht wurden.

Ex-Pelota-Profi Jean-Pierre Marmouyet hat sein Restaurant *Le Chistera (Di-Abend, Mi-Abend und Mo geschl., 42, Rue Port-Neuf, Tel. 05 59 59 25 93, €)* mit sportlichen Devotionalien eingerichtet und pflegt eine bodenständige, preiswerte baskische Küche. Die schönsten Plätze sind draußen unter den 200 Jahre alten Arkaden. Ambitioniert ist die regional geprägte Küche (z. B. eingemachte Ente) in der *Auberge du Cheval Blanc (So-Abend und Mo geschl., 68, Rue Bourgneuf, Tel. 05 59 59 01 33, €€€)*. Auskunft: *Place des Basques, Tel. 05 59 46 01 46, Fax 05 59 59 37 55, www.bayonne-tourisme.com*

Capbreton **[122 B4]**
Der Badeort, Fischer- und Yachthafen (4800 Ew.) mit vielen Möglichkeiten, Wassersport zu treiben, mit 19 Tennisplätzen und einem Kasino liegt 25 km nördlich von Biarritz. Anschaulich informiert das *Écomusée de la Pêche (Place de la Liberté, Juli/Aug. tgl. 14–18.30, April–Juni und Sept. 14–18 Uhr, www.ecopeche.fr)* samt Aquarium über Meeresfauna und Geschichte der Fischerei.

Ein modernes Hotel mit Spa und Außenpool ist das *Cap Club Hotel (75 Zi., 85, Avenue de Lattre de Tassigny, Tel. 05 58 41 80 00, Fax 05 58 41 80 41, www.capclubhotel.com, €€€)*. Auskunft: *Avenue du Président Pompidou, Tel. 05 58 72 12 11, Fax 05 58 41 00 29, www.capbreton-tourisme.com*

Dax **[122 C4]**
Hier plantschten schon die Römer: Der älteste Badeort Frankreichs (20 000 Ew.) liegt gut 50 km nordöstlich von Biarritz. Bis heute ist Dax berühmt für seine Thermalquellen. Zudem sind einige Überbleibsel aus römischer Zeit zu sehen. Auskunft: *11, Cours Foch, Tel.*

Der Löwe an der Fontaine Chaude in Dax spuckt Jahr für Jahr über 900 Mio. l 63 Grad heißes Wasser

05 58 56 86 86, Fax 05 58 56 86 80, www.dax-tourisme.com

Hossegor **[122 B4]**

★ Hossegor ist nur durch einen Seitenarm der Adour vom südlich gelegenen Capbreton getrennt. Vor seiner Mündung erweitert sich der Fluss zum Lac d'Hossegor, an dessen Ufer sich in den Zwanziger- und Dreißigerjahren Prominenz und Geldadel niederließen. Heute ist es Insider Tipp eine der Topadressen der Welt für Wellenreiter – weil das Meer hinter den Sandbänken steil abfällt, sodass sich besonders hohe Wellen aufbauen. Golf, Surfen, Tennis und Fahrradfahren gehören außer dem Wellenreiten zum Freizeitangebot.

Gediegene Landhausatmosphäre verströmt das *Las Hortensias du Lac (18 Zi., 1578, Avenue du Tour du Lac, Tel. 05 58 43 99 00, Fax 05 58 43 42 81, www.hortensias-du-lac.com, €€€)* am Seeufer. Leser der »Stadtgeschichten« von Armistead Maupin werden sich im Hotel *Barbary Lane (18 Zi., 156, Avenue de la Côte d'Argent, Tel. 05 58 43 46 00, Fax 05 58 43 95 19, www.barbary-lane.com, €€)* wohlfühlen, das Insider Tipp dem Hauptschauplatz dieses Werks nachempfunden ist. Auskunft: *Place des Halles, Tel. 05 58 41 79 00, Fax 05 58 41 79 09, www.hossegor.fr*

SAINT-JEAN-DE-LUZ

[122 B5] ★ 10 km vor der spanischen Grenze liegt der wunderschöne Fischer- und Badeort Saint-Jean-de-Luz (13 000 Ew.). Das Erbe des einstigen Walfängerdorfs ist lebendig geblieben: In fast jeder Familie arbeitet noch mindestens eine Person als Fischer. Hinter dem Hafen verbirgt sich die Altstadt; dahinter liegt der Strand, den Dämme vor der Gewalt des Atlantiks schützen. Im 18. Jh. riss eine Flutwelle 200 Häuser weg. 2 km vor der Küste werden die höchsten Wellen des Atlantiks gemessen. Wellenreiter lassen sich auf Jetski oder sogar per Helikopter dorthin bringen.

1660 wurde in Saint-Jean-de-Luz Weltgeschichte geschrieben: der Sonnenkönig Louis XIV heiratete hier die spanische Infantin Maria Theresia, eine Allianz, die nach 24 Jahren Krieg den Frieden zwischen beiden Ländern besiegelte und Frankreich die Vormachtstellung in Europa sicherte. Heute ist der Ort mit dem am linken Ufer des Flusses Nivelle gelegenen *Ciboure* (6000 Ew.) fast zusammengewachsen.

SEHENSWERTES

Hafen

Im Hafen liegen Fischerboote. Die Fischer reparieren hier vor allem Netze; der Fang wird in Ciboure versteigert. Die Auktionen sind für Touristen nicht zugänglich. Saint-Jean-de-Luz war immer schon reich: Die Villen am Hafen bauten wohlhabende Schiffseigner. Ihre Fassaden zeigen einen bunten Stilmix, der von der Weltläufigkeit der Besitzer zeugen sollte. Fast jedes Haus hat einen Aussichtsturm zum Hafen, von dem man nach Feinden und heimkehrenden Schiffen Ausschau hielt.

Maison Louis XIV

40 Tage verbrachte der Monarch in diesem 1643 erbauten Haus, um sich auf seine Hochzeit vorzubereiten. Möbel aus der Epoche und ei-

ne Ausstellung veranschaulichen die legendäre Heirat und die Geschichte der Stadt. *Place Louis XIV, Juni–Sept. tgl. 10.30–12 und 14.30 bis 17.30 (Juli/Aug. bis 18.30) Uhr*

Place Louis XIV
Mit Cafés, Bars und dem Musikpavillon in der Mitte bündelt die Place Louis XIV den Charme des Südens. Im Schatten der Platanen stellen Maler ihre Staffeleien auf, ringsum nippt man am Pastis. Auch das Haus, in dem der Sonnenkönig logierte, steht hier. An der zum Hafen gelegenen Seite liegt das Rathaus. Einen Teil davon musste die Stadt verkaufen, um die Hochzeit des Sonnenkönigs zu finanzieren. In französischer und baskischer Sprache ist es als »Haus des Volkes« ausgewiesen – Beweis dafür, dass Saint-Jean-de-Luz früh demokratische Strukturen pflegte.

Saint-Jean-Baptiste
Die Kirche aus dem 17. Jh. mit dem kurzen, achteckigen (Wach-)Turm ersetzte die zu klein gewordene aus dem Mittelalter und wurde zur Trauung des Sonnenkönigs fertiggestellt. Außen ist sie blank und schlicht, innen demonstriert Saint-Jean-de-Luz seinen Reichtum u. a. mit einem vergoldeten Altaraufsatz. Im Kirchenschiff schwebt ein Schiffsmodell – die Kaiserin Eugénie schenkte es der Gemeinde als Dank für ihre Rettung aus einem Schiffbruch. Die dreistöckige Galerie war früher nur Männern zugänglich. Auf der Ehrentribüne vorne rechts saßen neben dem Bürgermeister die Schiffseigner und gaben ihren ärmeren Mitbürgern innig betend ein gutes Beispiel.

ESSEN & TRINKEN

L'Alcalde
Regionale Küche, Meeresfrüchte und *parrilladas* (Platten mit gegrilltem Fisch) stehen hier auf der Karte. *Nov.–April So-Abend und Mo geschl. 22, Rue de la République, Tel. 05 59 26 89 44,* €€€

Maison Louis XIV: Dieses Bett erlebte eine kaiserliche Hochzeitsnacht

Le Brouillarta
Preiswerte Fischgerichte in maritimem Ambiente mit Meerblick. *48, Promenade Jacques Thibaud, Tel. 05 59 51 29 51, So-Abend und Mo geschl.,* **€**

Auberge Kaiku
Sehr gute Fisch- und Lammgerichte im ältesten Teil der Stadt. *Mo geschl., 17, Rue de la République, Tel. 05 59 26 13 20,* **€€**

EINKAUFEN

Markt ist Di, Fr und Sa von 9 bis 13 Uhr in den Markthallen. Die meisten Boutiquen konzentrieren sich in der *Rue Gambetta.* Heimtextilien im typisch baskischen, farbenfrohen Streifendesign führt die *Maison Charles Larre (Place Louis XIV).* Insider Tipp Köstliche Mandelmakronen, die der Überlieferung zufolge schon die Hochzeitsgesellschaft des Sonnenkönigs goutierte, stellt nach unverändertem Rezept die *Maison Adam (6, Place Louis XIV)* her. Probieren Sie auch die in Schokolade getauchten Peperoni!

Nach dem Strand kommt Spanien: Hendaye-Plage ist der südlichste Strand an der Côte Basque

ÜBERNACHTEN

Les Almadies Insider Tipp
Liebevoll ausgestattetes, kleines Hotel in der Nähe von Hafen und Strand. Schöne Holzterrasse für den Sundowner. *7 Zi., 58, Rue Gambetta, Tel. 05 59 85 34 48, Fax 05 59 26 12 42, www.hotel-les-almadies.com,* **€€€**

Ohartzia
Hübsches, mitten im Ort gelegenes Haus mit einfachen Zimmern. Der schattige Blumengarten ist an heißen Tagen eine Oase. *17 Zi., 28, Rue Garat, Tel. 05 59 26 00 06, Fax 05 59 26 74 75, www.hotel-ohartzia.com,* **€€**

FREIZEIT & SPORT

Obenan stehen auch in Saint-Jean-de-Luz natürlich alle Wasersportarten, von Jetski bis Wellenreiten. Segeln, Tauchen und Wasserski können Sie im benachbarten Ciboure lernen. Einen Fahrradverleih finden Sie z. B. am Bahnhof. Golfspieler fahren zum *Golf de Chantaco (Route d'Ascain, Tel. 05 59 26 14 22, www.golfdechantaco.com).* Ein *Schwimmbad* erwartet Sie in der *Avenue de Chantaco.* Pelota kann man u. a. im *Trinquet Anderenia (Quartier Ametzague, Tel. 05 59 26 12 12)* spielen. Eine zweistündige Einführung *(Mo, Do 10 Uhr)* kann man übers Tourismusbüro buchen. Thalassotherapie: *Hélianthal, Place Maurice Ravel, Tel. 05 59 51 51 51, www.helianthal.fr*

Von der Côte Basque geht es hinauf in die Bergwelt der Pyrenäen

AM ABEND

Gezockt wird im schicken *Kasino (Place Maurice Ravel).* Beliebte Clubs sind *El Paseo* und *Tupina,* beide an der Route Nationale 10.

AUSKUNFT

Place du Maréchal Foch, Tel. 05 59 26 03 16, Fax 05 59 26 21 47, www.saint-jean-de-luz.com

ZIELE IN DER UMGEBUNG:

Corniche Basque [122 A–B5]

★ Südlich von Saint-Jean-de-Luz beginnt die Route de la Corniche (D 912), die entlang der zerklüfteten baskischen Küste in Richtung spanische Grenze verläuft. Außer wunderschönen Ausblicken auf den Atlantik ist hier noch viel unverbaute Küstenlandschaft zu bewundern.

Hendaye-Plage [122 A5]

Kurz vor der spanischen Grenze liegt 12 km westlich von Saint-Jean-de-Luz Hendaye-Plage (11 000 Ew.), ein lebhafter, wenn auch nicht besonders eleganter Badeort. Zu den Vorzügen gehören der breite, 3 km lange Strand mit seiner für die Gegend moderaten Brandung sowie einige schöne alte Villen in blühenden Gärten. Auskunft: *12, Rue des Aubépines, Tel. 05 50 20 79 17, Fax 05 59 20 79 17, www.hendaye.com*

Sare [122 B5]

14 km südlich liegt Sare (2200 Ew.), ein ruhiges baskisches Dorf. Bemerkenswert sind die *Grottes de Sare (April–Juni und Sept. tgl. 10–18, Juli/Aug. 10–19, Okt. 10–17, Nov./Dez. 14–17, Jan./Feb. 11–17, März 14 bis 17 Uhr, www.grottesdesare.fr.),* die bereits vor 45 000 Jahren bewohnt waren. Ihre Geschichte wird mit einer Sound-und-Light-Show vermittelt.

Große Weine, kleine Schlösschen und baskische Dörfer

Die Touren sind in der Karte auf dem hinteren Umschlag und im Reiseatlas ab Seite 116 grün markiert

1 DIE PROBIERTOUR: GRAVES, SAUTERNES UND ENTRE-DEUX-MERS

Sie haben keine Lust mehr auf schwere Rotweine? Dann suchen Sie Ihr Glück auf der Graves- und Entre-Deux-Mers-Route! Die trockenen Weißen mit der Herkunftsbezeichnung Pessac-Léognan und die edelsüßen Weine von Barsac und Sauternes sind die einzigen klassifizierten Weißen der Region. Bordeaux ist der Ausgangspunkt dieser 180-km-Tour in die Landschaften Graves, das sich im Süden von Bordeaux bis nach Langon am linken Ufer der Garonne erstreckt, und Entre-Deux-Mers, das sich nicht etwa zwischen zwei Meeren, sondern zwischen den Flüssen Garonne und Dordogne ausbreitet. Rechnen Sie drei Tage zum Schauen und Probieren und um die schöne Landschaft ganz in Ruhe genießen zu können. Eilige schaffen die Strecke mit Besichtigungen auch in zwei Tagen.

Pilgerziel am Jakobsweg: Saint-Jean-Pied-de-Port in den Pyrenäen

Unweit von *Bordeaux (S. 62)* beginnt die *Route des Grands Crus Classés* aus dem Anbaugebiet Pessac-Léognan. Fahren Sie vom Zentrum in Richtung Pessac, dann geht es durch idyllische Landschaft nach Léognan und auf der D 109 weiter in Richtung Martillac. In *La Brède* sollten Sie einen Hausbesuch beim Baron de Montesquieu im *Wasserschloss (S. 67)* des berühmten Staatstheoretikers einplanen. Es liegt wunderschön am Rand der üppigen Kiefernwälder der Landes.

Von hier aus geht es weiter auf der N 113 durch das Anbaugebiet Graves (Auskunft: *Maison des Vins Graves, 61, Cours du Maréchal Foch, Podensac, Tel. 05 56 27 09 25, www.vins-graves.com*), wo aromatische Rotweine und elegante trockene, aber auch liebliche Weiße gekeltert werden.

In *Podensac* ist der nach Plänen von Le Corbusier erbaute Wasserturm *Belvédère* zu bewundern. Außerdem ist dies die Heimat des Aperitifs Lillet, einer Mischung aus

Herbstimpression im Bordelais

Wein und Fruchtlikör. Brennerei und Weinkeller sind zu besichtigen; am Schluss der Führung wird natürlich probiert *(Maison de Lillet, RN 113, Mitte Juni–Mitte Sept. tgl. 10–18 Uhr, www.lillet.com)*. Eine schöne Adresse zum Übernachten ist das *Château du Broustaret (5 Zi., 1, Truilley, Tel./Fax 05 56 62 96 97, www.broustaret.net, €€)* ein ansehnliches Herrenhaus aus dem 19. Jh. in einem schönen Park in *Rions*. Um es zu erreichen, müssen Sie hinter Podensac ans rechte Ufer der Garonne wechseln.

Von hier sind Sie am nächsten Morgen rasch in *Cadillac*. Das Dorf war entgegen dem Anschein nicht Namensgeber des gleichnamigen Autos. Der französische Gründer der Stadt Detroit gab sich in der Neuen Welt als ein Graf von Cadillac aus. Tatsächlich stammte er auch aus der Gegend, doch weder kam er aus Cadillac, noch war er von Adel. In Amerika blieb der Name Cadillac an ihm hängen, und viel später wurde ein Autotyp nach dem Stadtgründer benannt. In Cadillac werden sehr gute Weine hergestellt: trockene Weiße und fruchtige Rote.

Folgen Sie dann – nun wieder am linken Ufer der Garonne – der N 113 weiter in Richtung *Cérons, Barsac* und *Sauternes*, weltberühmte Anbaugebiete edelsüßer Weißweine (Auskunft: *Maison des Vins Barsac, Place de l'Église, Barsac, Tel. 05 56 27 15 44, www.barsac.fr; Maison du Sauternes, 13, Place de la Mairie, Sauternes, Tel. 05 56 76 69 83, www.sauternes-graves-langon.com*), die hervorragend zu Gänsestopfleber oder würzigem Käse passen. Ihre Herstellung ist mühsam: Die Erträge der Trockenbeerenauslesen sind so gering, dass jeder Weinstock nur ungefähr ein Glas hervorbringt – das schlägt sich natürlich im Preis nieder …

Bei *Langon*, einem malerisch an der Garonne gelegenen Städtchen, fahren Sie wieder über die Garonne. In *Saint-Macaire* gleich hinter Langon sind die *Stadttore* aus dem 14. Jh. und die *Kirche Saint-Sauveur* besonders sehenswert. Ebenfalls einen Besuch wert ist gut 5 km weiter das *Château Malromé (Juli/Aug. tgl. 10.30–12.30 und 14.30–17.30, Mai/Juni und Sept. Mi–So 15–17 Uhr)* aus dem 14. Jh.: Der Maler Henri de Toulouse-Lautrec, der auf dem Friedhof des nahen Verdelais begraben liegt, verbrachte in diesem Schloss seiner Mutter seine Sommer.

Nun verlassen Sie das Anbaugebiet Graves nach Nordosten über die D 672 in Richtung Sainte-Foy-La-Grande und gelangen ins Entre-Deux-Mers, das weitläufigste Anbaugebiet des Bordelais. Hier können Sie in *Saint-Martin-de-Lerm* übernachten in den ehemaligen Ställen des wunderschön gelegenen Pachthofs *La Lézardière (5 Zi., 9, Boimier, Tel./Fax 05 56 71 30 12, http://lalezardiere.free.fr, €)* aus dem 17. Jh. (Insider Tipp)

Über *Saint-Michel-de-Montaigne,* die Heimat des berühmten Essayisten, und Castillon-la-Bataille an der D 936 erreichen Sie schließlich wieder Bordeaux.

2 VON NANTES AN DIE SCHLÖSSER DER ERDRE

Wenn Sie von Nantes aus landeinwärts fahren, können Sie, dem Lauf der Erdre folgend, rund 30 Schlösser besichtigen. Von der Küste aus kann man einen Tagesausflug mit dem Auto unternehmen (erlaubt mehr Bewegungsfreiheit als die in Nantes angebotenen Bootstouren) oder, bei größerer Entdeckerlust, gleich zwei Tage für die rund 30 km – gerechnet ab und bis Nantes – veranschlagen.

Nehmen Sie in Nantes die D 69 in Richtung Sucé-sur-Erdre. Schon auf den ersten 10 km des Laufs der Erdre reihen sich die Schlösschen, die überwiegend im 18. Jh. erbaut wurden, wie die Perlen einer Kette aneinander. Das *Château de l'Eraudière* war im 19. Jh. der Sommersitz der Bischöfe von Nantes. Auf den Fundamenten einer römischen Ziegelei wurde 1789 das *Château de la Poterie* erbaut. Einen Taubenschlag mit 25 000 Tauben besitzt das *Château de la Gascherie,* das aus dem Mittelalter stammt. Das *Château de la Gandonnière (Tel./Fax 02 40 72 53 45, €€)* aus dem 18. Jh. in La Chapelle-sur-Erdre besitzt einen schönen Garten an einem kleinen See. Die drei renovierten Gästezimmer bieten einen tollen Blick auf die Erdre. Ein Schmuckstück aus dem 19. Jh. ist das *Manoir de la Châtaigneraie (156, Route de Carquefou, Tel. 02 40 77 90 95, €€€)* in *Sucé-sur-Erdre,* das ein michelinbesterntes Restaurant beherbergt. Zurück können Sie die D 37 nehmen, die am linken Ufer der Erdre zurück nach Nantes führt. (Insider Tipp)

3 IN DIE BASKISCHEN PYRENÄEN

Wer Urlaub an der Côte Basque macht, sollte unbedingt die Gelegenheit zu einer Stippvisite in den Pyrenäen nutzen. Mit seinen gepflegten Dörfern aus weiß gekalkten Häusern und dem typischen roten Fachwerk zwischen grünen Mittelgebirgszügen lohnt das baskische Hinterland einen längeren Ausflug, der besonders genussvoll ist, wenn Sie sich zwei oder gar drei Tage Zeit dafür nehmen mögen. Von Saint-Jean-de-Luz geht es über die baskischen Bilderbuchdörfer Ascain, Ainhoa und Espelette nach Cambo-les-Bains und Saint-Jean-Pied-de-Port. Von hier aus können Sie einen Abstecher über die spanische Grenze machen oder gleich wieder zur Küste fahren. Die Tour ist (ohne Abstecher nach Spanien) etwa 160 km lang, führt aber durchs Gebirge. Lassen Sie sich Zeit, steigen Sie immer

wieder aus, und erforschen Sie die wunderschöne Landschaft auch mal zu Fuß: Dann können Sie in zwei, drei Tagen eine Menge sehen.

Über die D 4 erreichen Sie *Ascain.* Das Dorf liegt 6 km von der Küste entfernt am Fluss Nivelle, der hier so lebhaft rauscht, wie Rafter es sich wünschen. Eine restaurierte römische Brücke überspannt den Fluss. Sehenswert ist die Kirche aus dem Mittelalter. Weiter über die D 4 passieren Sie *Sare* *(S. 87)* und erreichen *Ainhoa,* das zu einem der schönsten Dörfer Frankreichs gekürt wurde. Zudem wurde es schon im 12. Jh. als Etappenziel für Pilger auf dem Jakobsweg gegründet. Entsprechend dicht sind heute Besucherstrom und Versorgung mit Geschäften für Souvenirs und Kunsthandwerk an der Rue Bastide. Der *frontón,* der Pelotaplatz mit Mauer, gehört ebenso in diese baskische Idylle wie ein fünfstöckiger *Glockenturm* und die Kapelle *Notre-Dame d'Aranzazu* mit vergoldeten Holzschnitzereien. Baskische Küche auf hohem Niveau pflegt das Restaurant *Ithurria (tgl., Place du Fronton, Tel. 05 59 29 92 11, Fax 05 59 29 81 28, www.ithurria.com, €€–€€€),* das in einem restaurierten Pilgergasthaus liegt und auch über 27 schöne Zimmer verfügt.

Mit den roten Peperonischoten, die im Herbst zum Trocknen an allen Hauswänden hängen, ist *Espelette,* das Sie über die D 20 erreichen, eines der herausragenden Fotomotive der Region. Wenn Sie sich länger am weiß-roten Farbrausch Espelettes erfreuen wollen, können Sie im *Hotel Euzkadi (31 Zi., 285, Karrika Nagusia, Tel. 05 59 93 91 88, Fax 05 59 93 90 19, www.hotel-restaurant-euzkadi.com, €)* Station machen, das im baskischen Stil gehalten ist und ein eigenes Restaurant *(Mo geschl.)* besitzt.

Cambo-les-Bains, das nur wenige Kilometer hinter Espelette liegt, ist ein traditionsreicher Kurort mit Unter- und Oberstadt. Sehr sehenswert ist die prächtige *Villa Arnaga (Route du Docteur Camino, Juli/*

Natürlich huldigt auch das Euzkadi in Espelette der roten Schote

Aug. tgl. 10–19, April–Juni und Sept. 10–12.30 und 14.30–19, Okt. 14.30 bis 19, März Sa/So 14.30–18 Uhr, www.arnaga.com) mit einer wunderbaren Bibliothek, vielen Gemälden und einer gezirkelten Gartenanlage.

Weiter geht es über die D 918 in Richtung Süden. Nach wenigen Kilometern geht es rechts ab nach *Itxassou,* das eine Kirche mit üppigem Barockaltar besitzt. Von hier aus kann man auch Raftingtouren auf der Nive buchen *(Évasion Eaux Vives, Tel. 05 59 29 31 69).* Zurück auf der D 918 erreichen Sie 30 km weiter die Pyrenäen hinauf *Saint-Jean-Pied-de-Port,* ein schönes, in der Saison viel besuchtes Städtchen 8 km vor der spanischen Grenze. Auch dies ist ein altes Etappenziel der Jakobspilger, weil von hier ein recht zugänglicher Weg durch die Pyrenäen nach Spanien hinüberführt. Auf der spanischen Seite liegt *Roncesvalles.* Weitere Ausflugsziele auf spanischer Seite sind *Pamplona* (baskisch Iruñea) und *San Sebastián* (Donostia); sogar *Bilbao* (Bilbo) mit dem spektakulären Guggenheim-Museum ist in anderthalb Autostunden zu erreichen.

In Saint-Jean-Pied-de-Port erinnert außer massiven Befestigungsmauern eine Zitadelle an die ständige Bedrohung, die die Grenzlage in früheren Zeiten bedeutete. Wenn Sie übernachten wollen, brauchen Sie eine Reservierung – oder Glück: Der Zustrom von Pilgern und Urlaubern sorgt im Sommer für volle Häuser. Ein stilvolles Hotel mit Gourmetrestaurant (baskische Küche) und Pool ist das *Les Pyrénées (21 Zi., 19, Place du Général-de-Gaulle, Tel. 05 59 37 01 01, Fax 05 59 37 18 97, www.hotel-les-pyrenees.com,* **€€€***).* Günstiger ist es in den vier *chambres d'hôtes* in der 300 Jahre alten *Maison E. Bernat (20, Rue de la Citadelle, Tel./Fax 05 59 37 23 10,* **€–€€***).*

Stippvisite in Spanien: Marienstatue am Jakobsweg bei Roncesvalles

Von Saint-Jean nehmen Sie die *Route Impériale des Cimes* (D 22) Richtung Küste. Kurz vor Hasparren geht es rechts ab zu den *Grottes d'Isturitz et d'Oxocelhaya (Juli/Aug. tgl. 10–13 und 14–18 Uhr, Juni und Sept. tgl. Führungen um 11, 12, 14 und 17, März–Mai und Okt./Nov. tgl. 14–17 Uhr, www.grottes-isturitz.com):* In der Letzteren sind Tropfsteinformationen zu sehen, in Isturitz Felsgravuren aus der Frühzeit. Von hier sind es dann noch rund 30 km bis nach *Bayonne* *(S. 82)* und dann noch einmal 20 km zurück nach Saint-Jean-de-Luz.

Zwischen Wind und Wellen

Einzig die Zeit setzt Ihrem Bewegungsdrang an der Atlantikküste Grenzen

Langweilen werden Sie sich hier nicht! Sportliche Aktivitäten zählen ebenso zum touristischen Kapital der Französischen Atlantikküste wie ihre weiten Strände. Dort und an den Seen des Hinterlands erwartet Sie eine hervorragende Infrastruktur für alle Wassersportarten. Hinzu kommen ein gut ausgebautes Netz an Rad- und Reitwegen und jede Menge Golfplätze.

ANGELN

Während der Hauptsaison ist in vielen Badeorten das Angeln vom Strand oder von Klippen aus nicht erlaubt. Ideal zum Angeln von Süßwasserfischen sind die Seen im Hinterland sowie Kanäle und Flüsse. In vielen Küstenhäfen werden Angeltouren aufs Meer angeboten. Eine Angelerlaubnis, die nur für die Binnenseen erforderlich ist, kostet für einen Tag 4–6 Euro, für ein Jahr 15 bis 25 Euro. Allgemeine Auskünfte zu Revieren und Lizenzen bei der *Fédération Française de Pêcheurs en Mer (Tel. 05 59 31 00 73, Fax 05 59 63 67 26, www.ffpm-national.com).* Karten und Informationen im Netz: *www.peche47.com*

Barsche, Brassen, Barben: An der Französischen Atlantikküste wird der Angler schnell zum Gourmet

GOLF

Golf ist ein Traditionssport vor allem an der baskischen Küste: Der zweitälteste Golfplatz Frankreichs (nach dem 1856 in Pau in den Pyrenäen angelegten) ist *Golf de Biarritz Le Phare (www.golf-biarritz.com).* Auch sonst herrscht an schönen Greens kein Mangel, insbesondere in und um Biarritz, wo es zehn Anlagen gibt. Kurse auch für Anfänger bietet das *Centre International d'Entraînement au Golf d'Ilbarritz (Avenue du Château, Tel. 05 59 43 81 30, Fax 05 59 43 81 31, www.golf-ilbarritz.com)* in *Bidart,* wo Sie an der Steilküste alle Spielsituationen üben können.

HAUSBOOTTOUREN

Bei einer Fahrt mit dem Hausboot nähern Sie sich der Landschaft in Ihrem Tempo und gehen an Land, wo Sie Lust haben. Einen Bootsführerschein braucht es nicht; nach einer Einweisung ist man in der Lage, das Boot ohne allzu viel Gescheppper zu steuern. Der Vermieter informiert über Routen und Schleusenzahl. An Garonne, Dordogne, Lot, Baise oder dem Canal de Garonne liegen hübsche Dörfer und historische Städte, denn über Jahrhunderte wurden auf diesen Wasserwegen Wein, Salz, Öl, Gewürze und Spitzen transportiert. Ein Boot für vier Personen kostet je nach Saison und Größe zwischen 900 und 1800 Euro pro Woche. Ein Veranstalter ist z. B. *Locaboat Plaisance France (in Deutschland: Postfach 867, 79008 Freiburg, Tel. 0761/20 73 70, Fax 207 37 73, www.locaboat.de).*

KANU- & KAJAKTRIPS

Kanu- und Kajaktouren werden auf Meer, Flüssen und Seen angeboten. Das Qualitätssiegel »Point Canoë Nature« der *Fédération Française de Canoë Kayak (www.ffck.org, www.ffcanoe.asso.fr)* weist auf hohen Standard von Privatanbietern hin. Ideal für Kanu und Kajak sind etwa das Bassin d'Arcachon, der Lac d'Hourtin et de Carcans, der Lac de Lacanau und der Lac de Cazaux et de Sanguinet.

PARAGLIDING

Über der Dune du Pilat erleichtern im Sommer günstige Winde das Abheben im Para- oder Deltaglider. Die Düne ist der größte Gleitschirmgrund der Welt. Voraussetzung sind starke Nerven und eine zehnstündige Ausbildung (z. B. bei *Sand Fly École de Parapente, Arcachon, Tel. 06 63 21 27 82, www.sand-fly.com*).

RADFAHREN

Die erhebungsarme Landschaft an der Atlantikküste eignet sich perfekt für Radwanderungen. Allein zwischen Biscarrosse und Ondres bei Capbreton gibt es 2000 km Radwege. Räder können Sie praktisch überall mieten. Einmalig in Frankreich: Die erste Fahrradstation wurde in *Créon* 25 km südöstlich von Bordeaux im Entre-deux-Mers eröffnet. Wie an einer Skistation kann man dort eine vollständige Ausrüstung leihen. Die Broschüre »À vélo« mit einer Auswahl von Routen gibt es beim *Comité Régional de Tourisme d'Aquitaine (www.tourisme-aquitaine.info),* Tipps und Routenvorschläge für Touren in der Vendée unter *www.velo-loisirs.fr.*

RAFTING

Vor allem auf den Flüssen im Baskenland werden Schlauchboottouren durchs Wildwasser der Pyrenäen angeboten. Auskünfte erteilt die *Ligue d'Aquitaine de Canoë-Kayak (Tel./Fax 05 57 22 29 89).* Touren auf der Nive bietet z. B. in Itxassou *Évasion Montagne Eaux Vives (Maison Errola, Tel. 05 59 29 31 69, Fax 05 59 29 81 62, www.evasion64.fr)* an.

REITEN

Am Strand, durch Salzmarschen, in die Weinberge oder durch die Pyrenäen – Reitern stehen 8500 km markierte Reitwege offen. Angeboten werden Ausritte und mehrtägige Reitwanderungen. Die Broschüre »Reiten in der Aquitaine« können Sie unter *www.tourisme-aquitaine.info/de/brochures.asp* herunterladen. Auskunft und Adressen beim *Comité Régional de Tourisme Equestre (Tel. 05 56 28 01 48, Fax 05 56 16 26 55).*

Bretter, die die Welt bedeuten: Für die französischen Beach Boys ist der Atlantische Ozean die schönste Kulisse

SEGELN

Segelschulen und Bootsverleiher gibt es wie Sand am Meer. Adressen vermitteln die Tourismusbüros der Badeorte. Der französische Segelverband hat einige Seebäder mit dem Qualitätssiegel »Station voile« ausgezeichnet (z. B. *La Teste-de-Buch* und *Hendaye*). Das Label »France Station Nautique« garantiert ein umfassendes Angebot an Wassersportarten an einem Ort, darunter stets auch Segeln.

STRANDSEGELN

Bei Ebbe bilden die weiten Strände der Atlantikküste den perfekten Untergrund fürs Strandsegeln. Eine Hochburg ist *Notre-Dame-de-Monts (Centre de Char à Voile, www.ccvnddm.ne)* mit seinen fast 30 km Strand. In der Hochsaison beschränken viele Badeorte diese Aktivität auf die Tagesrandzeiten. Die dreirädrigen Wagen mit dem Segel darauf *(chars à voile)* können Sie bei Segelschulen mieten.

SURFEN

Die Atlantikküste gehört zu den Surfhotspots der Welt. Insbesondere Hossegor und Biarritz sind Hochburgen. Eine Liste der Clubs, die dem französischen Surfverband angeschlossen sind, finden Sie unter *www.surfingaquitaine.com.* Allgemeine Auskünfte: *Fédération Française de Surf, Tel. 05 58 43 55 88, Fax 05 58 43 60 57, www.surfingfrance.com*

TAUCHEN

Interessant ist vor allem die Unterwasserlandschaft vor der felsigen Côte Basque. Tauchschulen gibt es aber auch an den nördlicheren Abschnitten der Atlantikküste, etwa in La Baule, Arcachon und Biscarrosse.

WINDSURFEN

Ideal zum Windsurfen sind die Seen im Hinterland der Côte d'Argent. Brett und Segel können Sie bei den meisten Segelschulen ausleihen.

Ein Spielplatz, so lang wie die Küste

Viel Wasser, viel Sand, jede Menge Freizeitparks und ein gemütlicher Bummelzug in die Pyrenäen – Kinder fühlen sich hier bestens unterhalten

Frankreich hält im Alltag wie im Urlaub umfassende Angebote für Kinder (und Eltern) bereit: sowohl in Sachen Betreuung als auch Unterhaltung. Restaurants sind mit Kinderstühlen und preiswerten *menus enfants* auf Familien vorbereitet. Auf die Frage »Und was machen wir jetzt?« können Eltern an nahezu allen Badeorten antworten: »Mickey Club!« Dahinter verbergen sich Spiel und Sport am Strand unter Aufsicht für Kinder von drei bis 14 Jahren. In großen Seebädern wie La Baule hat man die Wahl unter einem Dutzend Kinderclubs.

Ausgezeichnet mit dem Label »Station Kid« sind Orte mit besonders familienfreundlichen Unterkünften (mit Kinderbetten, Hochstühlen und Flaschenwärmern), Einrichtungen und Veranstaltungen. An der Côte d'Amour sind das etwa Pornichet und Piriac-sur-Mer, an der Côte de Lumière gehören Saint-Gilles-Croix-de-Vie, Saint-Jean-de-Monts und La Tranche-sur-Mer dazu, an der Côte d'Argent Mimizan. Das Ferienprogramm beinhaltet dort z. B. Surfen, Segeln oder Kanufahren speziell für kleine Gäste. Außerdem findet man in den Fremdenverkehrsämtern dieser Orte eine Liste von Babysittern. Viele der Orte am Atlantik haben einen See im Hinterland, der sicheres Baden ermöglicht.

Ein Hydrotechniker bei der Inspektion eines Hydranten

CÔTE D'AMOUR

Piriac Aventure in Piriac [116 A2]
Verschiedene Parcours durch die Baumwipfel für Kinder ab vier Jahren – und auch für die Eltern. Ob man an einem Drahtseil schwebt oder über dem Boden durch Röhren und über Stege klettert – sicher vertäut ist man immer. Den Abenteuerpark gibt es auch in Pornic *(www.pornic-aventure.com). Route de Mesquer, Juli/Aug. tgl. 9–21, April–Juni 11–19, Sept.–Mitte Okt. 13–19 Uhr, 18 Euro, Kinder je nach Alter 12, 14 oder 16 Euro, www.piriac-aventure.com*

Planète Sauvage in Port Saint-Père [116 C3]
Großer Freizeitpark mit 10 km langer Safariroute, auf der man vom Auto aus Tieren aus fünf Erdteilen begegnet. In der Cité Marine führen Seelöwen Kunststücke vor, im

Village gibt es eine Flamingoinsel, einen Affenwald und ein Schlangenhaus. *La Chevalerie, März–Nov. tgl. 10–17 (Juli/Aug. bis 18) Uhr, 16,50 Euro, Kinder (4–14 Jahre) 10,50 Euro, www.planetesauvage.com*

CÔTE DE LUMIÈRE

Aquarium La Rochelle [118 B2–3]
Das Aquarium ist nicht nur seiner umfangreichen Meeresfauna wegen sehenswert. Auch die Präsentation ist auf kleine Besucher zugeschnitten. Die Fischbecken sind in Augenhöhe von Kindern aufgebaut, und für die richtige Einstimmung sorgt die Fahrt mit dem »Fahrstuhl«: Hinter einer Glasscheibe steigt Wasser hoch, als führe man hinab auf den Meeresboden. *Bassin des Grands Yachts, Juli/Aug. tgl. 9 bis 23, April–Juni und Sept. 9–20, Okt.–März 10–20 Uhr, 12,50 Euro, Kinder (3–17 Jahre) 9,50 Euro, www.aquarium-larochelle.com*

Centre Aquatique in Châtelaillon-Plage [118 B–C3]
Zwischen La Rochelle und Rochefort gelegener Aquapark mit Riesenrutsche, mehreren Becken und 29 Grad warmem Wasser. *RN 137, in Châtelaillon-Plage den Schildern folgen, Juli/Aug. Mo–Fr 10–20, Sa 11.15–20, So 9–20 Uhr, sonst variierende Öffnungszeiten, 4,75 Euro, Kinder (3–16 Jahre) 3,20 Euro, www.centre-aquatique.com*

La Forêt de l'Aventure in La Chapelle Saint-Étienne [117 F5]
Etwa 90 km östlich von Les Sables-d'Olonne in den Collines Vendéennes kann man in diesem Erlebnispark in Baumwipfeln (angeseilt) Tarzan spielen. Es gibt einen Entdeckerparcours (ab 1,10 m Körpergröße) und einen Abenteuerparcours (ab 1,40 m). *La Chapelle-Saint-Étienne, Mitte April–Juni und Sept. bis Anfang Nov. Mi, Sa, So 14–18, Juli/Aug. tgl. 10–19 Uhr, je nach Parcours 15–19 Euro, Kinder (9–17 Jahre) 10–14 Euro bzw. (2–8 Jahre) 6 Euro, www.foret-aventure.com*

L'Île aux Papillons auf Noirmoutier [116 B4]
Exotische Schmetterlinge aus Guyana, Kenia, Madagaskar und von den Philippinen flattern durch eine exotische Dschungellandschaft. Ein Spaziergang zum Staunen. *5, Rue de la Fassonière, La Guérinière, Juni bis Aug. tgl. 10–19.30, April, Mai, Sept. Mo–Fr 14–19, Sa/So 10–19.30 Uhr, 6,80 Euro, Kinder (3–12 Jahre) 4,90 Euro, www.ile-aux-papillons.com*

Jardin du Vent in Notre-Dame-de-Monts [116 B4] Insider Tipp
Dieses wunderbare Freilichtmuseum macht den in der Vendée allgegenwärtigen Wind anhand von allerlei (Spiel-)Geräten sicht-, hör- und fühlbar. Der Wind erzeugt Musik, bläst den Besuchern Seifenblasen entgegen und hüllt sie in Duftwolken. *29, Rue Gilbert Cesbron, Juni–Aug. tgl. 11–19, April, Mai, Sept. Di–So 14–18 Uhr, 4 Euro, Kinder (6–18 Jahre) 2 Euro*

Zoo de la Palmyre [118 B4]
Tiere aus fünf Erdteilen sind in großen und möglichst artgerechten Gehegen untergebracht, darunter Tiger, Leoparden, Giraffen, Kängurus und Eisbären. *La Palmyre, April bis Sept. tgl. 9–19, Okt.–März 9–18 Uhr, 13 Euro, Kinder (3–12 Jahre) 9 Euro, www.zoo-palmyre.fr*

Am Strand werden sogar Kinder freiwillig zu Spaziergängern

CÔTE D'ARGENT

La Hume am Bassin d'Arcachon **[120 A4]**

Hier finden Sie gleich drei Parks auf einem Fleck: *Aqualand,* den Zoo *La Coccinelle* mit mehr als 800 Tieren und einen 6000 m² großen *botanischen Garten. La Hume, Juni bis Sept. tgl. 10–18 Uhr, pro Park 7 bis 15 Euro*

Miniport d'Albret in Soustons **[122 C3–4]**

In elektrischen Miniaturen eines Mississippi-Raddampfers oder der historischen »Mayflower« selber Kapitän spielen und den See erkunden – das können Kinder ab einem Alter von neun Jahren auf dem Lac de Soustons. In die Boote passen ein bis sechs Leute. *Juli/Aug. tgl. 10–20 Uhr, pro Person und Viertelstunde 4 Euro, www.babelweb.net/miniport*

Zooland Parc in La Teste **[120 A4]**

Einer der größten Zoos Frankreichs auf 10 ha bewaldeter Fläche. Die Tiere sind in großen Gehegen untergebracht. Mit Streichelzoo. *Route de Cazaux, La Teste-de-Buch, April–Sept. tgl. 10–19, Okt.–März Mi, Sa, So 14–18.30 Uhr, 9,50 Euro, Kinder (2–11 Jahre) 6,10 Euro*

CÔTE BASQUE

Le Petit Train de la Rhune **[122 B5]**

Eine Zahnradbahn führt auf den Gipfel des 900 m hohen Pyrenäenbergs, der bereits auf spanischem Territorium liegt. *April–Sept. tgl., Okt. Mi–So 10 und 15.30 Uhr, 13 Euro, Kinder (4–10 Jahre) 7 Euro, www.rhune.com*

Angesagt!

Was Sie wissen sollten über Trends, die Szene und Kuriositäten an der Französischen Atlantikküste

Rugby
Worüber redet man sich in Bars die Köpfe heiß, was prägt den Sportteil der örtlichen Zeitungen? Rugby! Wahrscheinlich ist die Jahrhunderte währende Präsenz der Briten im westlichen Frankreich schuld daran. Jedenfalls ist hier jeder verrückt nach dem Sport, der für Außenstehende aussieht wie eine Mischung aus Fußball und Raufen. Klar, auch Fußball ist ein großes Thema. Aber der Traditionssport Rugby kommt hier immer wieder neu in Mode. Mit Stolz verweisen etwa die Bewohner von Biarritz

darauf, bereits zweimal den französischen Meistertitel errungen zu haben. Und im Baskenland liegt Rugby gleichauf mit Pelota. Im September und Oktober 2007 findet die Rugbyweltmeisterschaft in Frankreich statt – Spielorte sind u. a. das Stade de la Beaujoire in Nantes und der Parc Lescure in Bordeaux. 20 Teams kämpfen um den Titel, aus Europa sind außer Frankreich nur Nationen mit angelsächsischem oder keltischem Hintergrund vertreten.

Musik
Achten Sie im CD-Laden auf das in Bordeaux ansässige Independent-Label Vicious Circle, das sich vor allem Künstlern aus der Region widmet, darunter etwa die Band Calc. Vicious Circle vermarktet die neuesten Trends. Auch Mélanie Valéra aus Bordeaux gehörte zu den Entdeckungen des Hauses. Sie hat unter dem Projektnamen »Tender Forever« 2006 das Elektropopalbum »The Soft and the Hardcore« herausgebracht, das über die Dauer des Urlaubs hinaus seinen Zauber bewahrt.

O
Klar, das Wasser spielt (neben dem Wein) die wichtigste Rolle in einer Region, deren größter Teil schon seit den Tagen der Römer Aquitanien heißt. Und so gibt das »O« – im SMS-Französisch die Kurzform für *eau* = Wasser – derzeit angesagten Bars und Restaurants den Namen bzw. einen Teil desselben. Dort trifft sich trendiges Publikum – zum Beispiel in Biarritz.

Von Anreise bis Zoll

Hier finden Sie kurz gefasst die wichtigsten Adressen und Informationen für Ihre Reise an die Französische Atlantikküste

ANREISE

Auto
Von Deutschland aus am schnellsten über Paris und dann auf der A 11 Paris–Le Mans–Nantes (384 km) oder auf der A 10 über Tours und Poitiers nach La Rochelle oder Bordeaux (560 km). Wer ganz in den Südwesten will oder aus Süddeutschland, Österreich oder der Schweiz kommt, fährt am besten die Strecke Lyon–Nîmes–Toulouse und von Toulouse auf der A 64.

Bahn
Der Hochgeschwindigkeitszug TGV *(Train à Grande Vitesse)* schafft die Strecke Paris–Nantes in zwei, Paris–Bordeaux in drei Stunden. Die Bahnfahrt Hamburg–Paris dauert acht, die Strecke Frankfurt–Paris sechs Stunden. Für die Côte d'Amour und Côte de Lumière empfiehlt sich die Anreise über Paris, für die Côte d'Argent und Côte Basque nimmt man am besten den TGV bis zur spanischen Grenze. Für den TGV ist eine Reservierung erforderlich.

Flugzeug
Air France fliegt Nantes, Bordeaux und Biarritz über Paris oder Lyon an, Preise um 350 Euro; bisweilen gibt es günstigere Angebote *(www.airfrance.de)*. Lufthansa *(www.lufthansa.de)* fliegt ab Frankfurt und München nach Bordeaux (Rückflugticket ab 99 Euro, je nach Reisezeitraum und Buchungsvorlauf viel Spiel nach oben). Ryan Air *(www.ryanair.com)* fliegt von Hahn in Rheinland-Pfalz nach Biarritz (Preise variieren stark, frühzeitig buchen!).

AUSKUNFT

Maison de la France
– Zeppelinallee 37, 60325 Frankfurt, Tel. 09001/57 00 25 (0,49 Euro/Min.), Fax 09001/59 90 61 (0,49 Euro/Min.), www.franceguide.com/de
– Argentinierstr. 41 a, 1040 Wien, Tel. 0900/25 00 15, Fax 01/503 28 71, info.at@franceguide.com
– Rennweg 42, 8023 Zürich, Tel. 0900/90 06 99, Fax 01/217 46 17, info.zrh@franceguide.com

Regionale Fremdenverkehrsämter
– Loire-Atlantique (Côte d'Amour): 2, Rue de la Loire, 44204 Nantes, Tel. 02 40 48 24 20, Fax 02 40 08 07 10, www.loireatlantique.com
– Vendée (Côte de Lumière): 8, Place Napoléon, 85000 La Roche-sur-Yon, Tel. 02 51 47 88 20, Fax

02 51 05 37 01, www.vendee-tourisme.com
– Charente-Maritime (Côte de Lumière): 85, Boulevard de la République, 17076 La Rochelle, Tel. 05 46 31 71 71, Fax 05 46 31 71 70, www.en-charente-maritime.com
– Gironde (Côte d'Argent, Bordelais): 21, Cours de l'Intendance, 33000 Bordeaux, Tel. 05 56 52 61 40, Fax 05 56 81 09 99, www.tourisme-gironde.cg33.fr
– Landes (Côte d'Argent): 4, Avenue Aristide Briand, 40012 Mont-de-Marsan, Tel. 05 58 06 89 89, Fax 05 58 06 90 90, www.tourismelandes.com
– Pyrénées Atlantiques (Côte Basque): 4, Allées des Platanes, 64100 Bayonne, Tel. 05 59 46 52 52, Fax 05 59 46 52 46, www.tourisme64.com

AUTO

Die französischen Autobahnen sind bis auf wenige Abschnitte mautpflichtig. Bezahlt wird an *péage*-Stationen, bar oder per Kreditkarte. Im Fall einer Panne findet man im Abstand von 2 km Notrufsäulen. Die Nationalstraßen sind meist sehr gut ausgebaut, aber auch entsprechend viel befahren. Höchstgeschwindigkeiten: 130 km/h auf Autobahnen (110 bei Regen), 110 km/h auf Schnellstraßen (100 bei Regen), 90 km/h auf National- und Departementstraßen (N, D; bei Regen 80), 50 km/h innerorts. Motorräder müssen auch tagsüber mit Abblendlicht fahren, bei Regen und Nebel gilt das für alle Fahrzeuge. Verkehrsteilnehmer im Kreisverkehr haben Vorfahrt! Die Promillegrenze liegt bei 0,5. Es besteht Anschnallpflicht.

CAMPING

An Campingplätzen aller Kategorien herrscht an der Küste kein Mangel. Vor allem an der Côte d'Argent mit ihren Wäldern und Dünenlandschaften reiht sich einer an den nächsten. Während der Hochsaison muss man reservieren. Eine Übersicht über alle Plätze (mit Links) bietet die Website der Fédération Française de Camping: *www.camping-france.com*

DIPLOMATISCHE VERTRETUNGEN

Deutsches Generalkonsulat
377, Boulevard du Président Wilson, Bordeaux-Caudéran, Tel. 05 56 17 12 22

Österreichisches Honorarkonsulat
86, Cours Balguerie-Stuttenberg, Bordeaux, Tel. 05 56 00 00 70

Schweizerisches Generalkonsulat
14, Cours Xavier Arnozan, Bordeaux, Tel. 05 56 52 18 65

EINREISE

Ausweiskontrollen kommen dank dem Schengener Abkommen fast nicht mehr vor. Trotzdem müssen EU-Bürger außer Führer- und Fahrzeugschein auch einen gültigen Ausweis bei sich haben. Das gilt auch für mitreisende Kinder, die nicht im Pass der Eltern eingetragen sind.

FKK

Der *naturisme* ist in Frankreich sehr beliebt. Insbesondere an der

Côte d'Argent gibt es viele FKK-Ferienanlagen. Diese *domaines naturistes* bestehen meist aus gut ausgestatteten Campingplätzen, teilweise auch mit Bungalows, zu denen Sport- und Freizeiteinrichtungen gehören. Aber auch anderswo gibt es fast immer Strandabschnitte oder Buchten, an denen das Nacktbaden toleriert wird. Diese sind jedoch nicht immer bewacht. Oben ohne geht an allen Stränden.

GELD & KREDITKARTEN

Geldautomaten finden sich fast an jeder Ecke (für ec- und Kreditkarten), die Bezahlung mit Kreditkarten in Hotels, Restaurants, Geschäften und an Tankstellen ist weit verbreitet (insbesondere Visa und Eurocard).

GESUNDHEIT

Die ärztliche Versorgung ist flächendeckend, Apotheken *(pharmacies)* sind buchstäblich an jeder Ecke zu finden. Als Versicherungsnachweis ist die European Health Insurance Card (EHIC) bzw. Ersatzbescheinigung (beide Dokumente gibt es bei der Krankenkasse) vorzulegen. Bei Arzt oder Zahnarzt muss der Patient das Honorar zunächst stets selbst auslegen. Anschließend wird erstattet: entweder direkt bei der französischen Krankenkasse (Caisse Primaire d'Assurance Maladie bzw. Caisse Générale de Sécurité Sociale) gegen Vorlage des vom Arzt ausgefüllten Vordrucks *(feuille de soins)* oder gegen Vorlage der quittierten und spezifizierten Rechnungen bei der deutschen Kasse. Die prüft dann, welcher Betrag erstattet wird. Wer ganz sichergehen will, schließt zusätzlich eine Auslandskrankenversicherung ab, die gegebenenfalls auch für einen Rücktransport aufkommt.

Was kostet wie viel?

Kaffee	**um 2,50 Euro** für eine Tasse *café crème*
Eis	**1,50–2 Euro** für eine Kugel Eis
Wein	**ab 1,50 Euro** für ein Glas Wein
Sandwich	**um 3,70 Euro** für ein Baguette mit Schinken oder Käse
Benzin	**um 1,10 Euro** für 1 l Super bleifrei
Fahrrad	**10–12 Euro** für die Miete pro Tag

INTERNET

Die Websites der Fremdenverkehrsämter von Städten und Regionen (s. Auskunft) sind fast alle auch deutschsprachig und bieten neben praktischen Tipps sehr umfassende Informationen zu Sehenswürdigkeiten und Unterkünften. Oft sorgen Möwengeschrei und Meeresrauschen für spontane Reiselust. Hier einige Websites mit allgemeinen Informationen für die Frankreichreise oder für ganz spezielle Interessen:

www.frankreich-info.de
Praktische Tipps zur Reise, das Wetter in Frankreich, viele Hintergrundinformationen und Vermittlung von Unterkünften.

www.ratgeberfrankreich.de
Allgemeine Informationen übers Land und Reisetipps.

www.frankreich-sued.de
Informationen zu Städten, Regionen, Aktivitäten, Märkten und Festen im Südwesten.

www.festivals.aquitaine.fr
Überblick über kulturelle Veranstaltungen an der Côte d'Argent und Côte Basque. Französischsprachig.

www.thalassocotebasque.com
Informationen und Adressen (deutschsprachig) rund um die Wassertherapie an der baskischen Küste.

www.fedesurf.com
Website des französischen Surferverbands; Adressen von Surfschulen (französischsprachig).

www.vins-bordeaux.fr
Alles, was Sie über die guten Rotweine des Bordelais wissen wollen. Englischsprachig.

www.chemins-compostelle.com
Französischsprachige Informationen rund um den Jakobsweg.

INTERNETCAFÉS

Internetcafés sind in den Badeorten und in den Städten zu finden. Eine Auswahl:
– *Nantes: Cyberplanet, 18, Rue de l'Arche Sèche, Tel. 02 51 82 47 97*
– *La Rochelle: Cyber Squat HTTP, 63, Rue Saint-Nicolas, Tel. 05 46 34 53 67*
– *Bordeaux: Cyberstation, 23, Cours Pasteur, Tel. 05 56 01 15 15*
– *Arcachon: im 1. Stock des Bistrot du Boulevard, 239, Boulevard de la Plage, Tel. 05 56 83 45 67*

– Biarritz: Genius Informatique, 60, Avenue Edouard VII, Tel. 05 59 24 39 07
– Saint-Jean-de-Luz: Friends in France, 7, Rue Tourasse, Tel. 05 59 26 86 92

KURTAXE

In den Badeorten schlagen die Hotels eine (obligatorische) *taxe de séjour* auf den Übernachtungspreis. Sie liegt pro Tag und Person bei 0,50–1 Euro.

NOTRUF

Europäischer Notruf *Tel. 112*

ÖFFNUNGSZEITEN

Wo nicht anders angegeben, gelten die in diesem Band angegebenen Öffnungszeiten von Museen und Sehenswürdigkeiten für die Hochsaison im Sommer. Außerhalb der Saison sind vor allem kleinere Museen nur an bestimmten Tagen oder nach Voranmeldung zu besichtigen.

POST

Briefe bis 20 g und Postkarten in EU-Länder und in die Schweiz müssen mit 50 Cent frankiert werden (Stand: Ende 2006). Postämter haben in größeren Städten meist von 8 bis 18.30 geöffnet, in kleineren Orten ist eine Mittagspause üblich.

PREISE

Die Eintrittspreise für Museen, Gärten, Schlösser und ähnliche Sehenswürdigkeiten liegen im Schnitt bei 3,50 bis 6 Euro für Erwachsene, Kinder zahlen die Hälfte. Vergnügungsparks sind erheblich teurer. Studenten erhalten in Museen gegen Vorlage eines gültigen internationalen Studentenausweises 50 Prozent Ermäßigung.

REISEZEIT

Ab Mitte Juli bis zum ersten Septemberwochenende ist ganz Frankreich unterwegs: Es ist die vollste, heißeste und teuerste Reisezeit, für die Unterkünfte auf jeden Fall vorausgebucht werden müssen. Wer kann, sollte auf die Nebensaison ausweichen. Der Atlantik schafft es zwischen Juni und September über 20 Grad, Abgehärtete baden schon im Mai. Im Spätherbst sind die Preise deutlich gesenkt, es ist eine ideale Zeit für Weinreisen, Thalassokuren und Städtetouren.

SICHERHEIT

Normale Vorsicht, wie sie überall auf der Welt angebracht ist, reicht an der Atlantikküste völlig aus. Lassen Sie insbesondere nichts im geparkten Wagen liegen, was die Aufmerksamkeit von Autoknackern wecken könnte.

TELEFON & HANDY

Auch in Frankreich werden die Telefonzellen weniger. Für die noch vorhandenen benötigt man eine *télécarte* (50 Einheiten 7,41 Euro), die es in Tabakläden, bei Postfilialen und Tankstellen gibt. Das Mobilfunknetz ist flächendeckend. Erkundigen Sie sich vor der Reise bei Ihrem Provider nach dem für Sie günstigsten Roamingpartner. Die internationale Vorwahl ist für Deutschland *0049,* für Österreich

0043, für die Schweiz *0041,* dann die Ortsvorwahl ohne Null und die Rufnummer des Teilnehmers. Ruft man von Deutschland in Frankreich an, wählt man 0033, dann ohne die Null am Anfang direkt die übrige (neunstellige) Nummer.

TRINKGELD

Im Restaurant und bei Taxifahrten ist Aufrunden bis zu zehn Prozent üblich. Im Hotel bedankt man sich für besonders aufmerksamen Service mit einem Trinkgeld; bleibt man länger, kann man die Dienste des Zimmermädchens mit 10–20 Euro pro Woche honorieren.

UNTERKUNFT

Das Spektrum reicht von der Jugendherberge (Informationen: *FUAJ, Tel. 01 44 89 87 27, Fax 01 44 89 87 10, www.fuaj.org*) über *chambres d'hôtes,* das französische Pendant zum Bed & Breakfast, bis hin zum Luxushotel. Allerdings muss man im Sommer und insbesondere während der französischen Schulferien vorausbuchen. An der Küste vermieten viele Hotels während der Hochsaison nur wochenweise, Ferienwohnungen und -häuser sind im Juli/August zum Teil erst ab zwei Wochen Mindestmietzeit zu bekommen.

ZOLL

EU-Bürger dürfen Waren für den persönlichen Bedarf frei ein- und ausführen, u. a. 90 l Wein, 10 l Spirituosen, 800 Zigaretten. Schweizer dürfen u. a. 2 l Wein und 1 l Spirituosen zollfrei ein- und ausführen.

Wetter in Bordeaux

	Jan.	Feb.	März	April	Mai	Juni	Juli	Aug.	Sept.	Okt.	Nov.	Dez.
Tagestemperaturen in °C	9	11	15	17	20	24	25	26	23	18	13	9
Nachttemperaturen in °C	2	2	4	6	9	12	14	14	12	8	5	3
Sonnenschein Std./Tag	3	4	6	7	8	8	8	8	7	5	3	2
Niederschlag Tage/Monat	16	13	13	13	14	11	11	12	13	14	15	17
Wassertemperaturen in °C	10	10	10	11	13	15	17	17	16	15	13	11

Tu parles français?

»Sprichst du Französisch?«
Dieser Sprachführer hilft Ihnen, die wichtigsten Wörter und Sätze auf Französisch zu sagen

Zur Erleichterung der Aussprache sind alle französischen Wörter mit einer einfachen Aussprache (in eckigen Klammern) versehen.

AUF EINEN BLICK

Ja./Nein.	Oui. [ui]/Non. [nong]
Vielleicht.	Peut-être [pöhtätr]
Bitte.	S'il vous plaît. [sil wu plä]
Danke.	Merci. [märsi]
Gern geschehen.	De rien. [dö rjäng]
Entschuldigen Sie!	Excusez-moi! [äksküseh mua]
Wie bitte?	Comment? [kommang]
Ich verstehe Sie/dich nicht.	Je ne comprends pas. [schön kongprang pa]
Ich spreche nur wenig Französisch.	Je parle un tout petit peu français. [schparl äng tu pti pöh frangsä]
Können Sie mir bitte helfen?	Vous pouvez m'aider, s.v.p.? [wu puweh mehdeh sil wu plä]
Sprechen Sie Deutsch/Englisch?	Vous parlez allemand/anglais? [wu parleh almang/anglä]
Ich möchte …	J'aimerais … [schämrä]
Das gefällt mir nicht.	Ça ne me plaît pas. [san mö plä pa]
Haben Sie …?	Vous avez …? [wus‿aweh]
Wie viel kostet es?	Combien ça coûte? [kongbjäng sa kut]
Wie viel Uhr ist es?	Quelle heure est-il? [käl‿ör ät‿il]

KENNENLERNEN

Guten Morgen/Tag!	Bonjour! [bongschur]
Guten Abend!	Bonsoir! [bongsuar]
Hallo!/Grüß dich!	Salut! [salü]
Wie ist Ihr Name, bitte?	Comment vous appelez-vous? [kommang wus‿apleh wu]
Wie heißt du?	Comment tu t'appelles? [kommang tü tapäl]

Wie geht es Ihnen/dir?	Comment allez-vous/vas-tu? [kommangt‿aleh wu/wa tü]
Danke. Und Ihnen/dir?	Bien, merci. Et vous-même/toi? [bjäng märsi. eh wu mäm/tua]
Auf Wiedersehen!	Au revoir! [oh röwuar]
Tschüss!	Salut! [salü]
Bis bald!	A bientôt! [a bjängtoh]

UNTERWEGS

Auskunft

links/rechts	à gauche [a gohsch]/à droite [a druat]
geradeaus	tout droit [tu drua]
nah/weit	près [prä]/loin [luäng]
Bitte, wo ist …?	Pardon, où se trouve …, s.v.p.? [pardong, us truw … sil wu plä]
Wie weit ist das?	C'est à combien de kilomètres d'ici? [sät‿a kongbjängd kilomätrö disi]
Welches ist der kürzeste Weg nach/zu …?	Quel est le chemin le plus court pour aller à …? [käl‿äl schömäng lö plü kur pur aleh a]

Panne

Ich habe eine Panne.	Je suis en panne. [schö süis‿ang pan]
Würden Sie mir bitte einen Abschleppwagen schicken?	Est-ce que vous pouvez m'envoyer une dépanneuse, s.v.p.? [äs‿kö wu puweh mangwuajeh ün deh panöhs sil wu plä]
Gibt es hier in der Nähe eine Werkstatt?	Est-ce qu'il y a un garage près d'ici? [äs‿kil‿ja äng garasch prä disi]
… ist defekt.	… est défectueux. [ä dehfäktüöh]

Tankstelle

Wo ist bitte die nächste Tankstelle?	Pardon, Mme/Mlle/M., où est la station-service la plus proche, s.v.p.? [pardong madam/madmuasäl/mösjöh u ä la stasjong särwis la plü prosch sil wu plä]
Ich möchte … Liter.	… litres, s'il vous plaît. [litrö sil wu plä]
Super.	Du super. [dü süpär]
Diesel.	Du gas-oil. [dü gasual]
bleifrei/mit … Oktan.	Du sans-plomb/… octanes. [dü sang plong/ … oktan]
Voll tanken, bitte.	Le plein, s.v.p. [lö pläng sil wu plä]

Unfall

Hilfe!	Au secours! [oh skur]
Achtung!	Attention! [atangsjong]

Vorsicht!	Attention! [atangsjong]
Rufen Sie bitte schnell …	Appelez vite … [apleh wit]
… einen Krankenwagen.	… une ambulance. [ün‿angbülangs]
… die Polizei.	… la police. [la polis]
… die Feuerwehr.	… les pompiers. [leh pongpjeh]
Es war meine Schuld.	C'est moi qui suis en tort. [sä mua ki süis‿ang torr]
Es war Ihre Schuld.	C'est vous qui êtes en tort. [sä wu ki äts‿ang torr]
Geben Sie mir bitte Ihren Namen und Ihre Anschrift!	Vous pouvez me donner votre nom et votre adresse? [wu puweh mö donneh wottrö nong eh wottr‿adräs]

ESSEN/UNTERHALTUNG

Wo gibt es hier …	Vous pourriez m'indiquer… [wu purjeh mängdikeh]
… ein gutes Restaurant?	… un bon restaurant? [äng bong rästorang]
… ein nicht zu teures Restaurant?	… un restaurant pas trop cher? [äng rästorang pa troh schär]
Reservieren Sie uns bitte für heute Abend einen Tisch für vier Personen.	Je voudrais réserver une table pour ce soir, pour quatre personnes. [schwudrä räsehrweh ün tablö pur sö suar pur kat pärsonn]
Wo sind bitte die Toiletten?	Où sont les W.-C., s.v.p.? [u song leh wehseh sil wu plä]
Auf Ihr Wohl!	A votre santé!/A la vôtre! [a wottr sangteh/a la wohtr]
Bezahlen, bitte.	L'addition, s.v.p. [ladisjong sil wu plä]
Hat es geschmeckt?	C'était bon? [sehtä bong]
Das Essen war ausgezeichnet.	Le repas était excellent. [lö röpa ehtät‿äksälang]

ÜBERNACHTUNG

Können Sie mir bitte ein gutes Hotel empfehlen?	Pardon, Mme/Mlle/M., vous pourriez recommander un bon hôtel? [pardong madam/madmuasäl/mösjöh wu purjeh rökommangdehäng bonn‿ohtäl]
Haben Sie noch …?	Est-ce que vous avez encore …? [äs‿kö wus‿aweh angkorr]
… ein Einzelzimmer	… une chambre pour une personne [ün schangbr pur ün pärsonn]
… ein Zweibettzimmer	… une chambre pour deux personnes [ün schangbr pur döh pärsonn]

… mit Bad	… avec salle de bains [awäk sal dö bäng]
… für eine Nacht?	… pour une nuit [pur ün nüi]
… für eine Woche?	… pour une semaine? [pur ün sömän]
Was kostet das Zimmer mit Frühstück?	Quel est le prix de la chambre, petit déjeuner compris? [käl‿ä lö prid la schangbr pti dehschöneh kongpri]

PRAKTISCHE INFORMATIONEN

Arzt

Können Sie mir einen guten Arzt empfehlen?	Vous pourriez recommander un bon médecin, s.v.p.? [wu purjeh rökommangdeh äng bong mehdsäng sil wu plä]
Ich habe Fieber.	J'ai de la fièvre. [schä dla fjäwr]
Ich habe hier Schmerzen.	J'ai mal ici. [scheh mal isi]

Post

Was kostet …	Quel est le tarif pour affranchir … [käl‿ä lö tarif pur afrangschir]
… eine Postkarte …	… des cartes postales … [deh kart postal]
… nach Deutschland?	… pour l'Allemagne? [pur lalmanj]

ZAHLEN

0	zéro [sehroh]	20	vingt [wäng]
1	un, une [äng, ühn]	21	vingt et un, une [wängt‿eh äng, ühn]
2	deux [döh]	22	vingt-deux [wängt döh]
3	trois [trua]	30	trente [trangt]
4	quatre [katr]	40	quarante [karangt]
5	cinq [sängk]	50	cinquante [sängkangt]
6	six [sis]	60	soixante [suasangt]
7	sept [sät]	70	soixante-dix [suasangt dis]
8	huit [üit]	80	quatre-vingt [katrö wäng]
9	neuf [nöf]	90	quatre-vingt-dix [katrö wäng dis]
10	dix [dis]	100	cent [sang]
11	onze [ongs]	200	deux cents [döh sang]
12	douze [dus]	1000	mille [mil]
13	treize [träs]	2000	deux mille [döh mil]
14	quatorze [kators]	10000	dix mille [di mil]
15	quinze [kängs]	1/2	un demi [äng dmi]
16	seize [säs]	1/4	un quart [äng kar]
17	dix-sept [disät]		
18	dix-huit [disüit]		
19	dix-neuf [disnöf]		

Reiseatlas Französische Atlantikküste

Die Seiteneinteilung für den Reiseatlas finden Sie auf dem hinteren Umschlag dieses Reiseführers

18 26 Autobahn mit Anschlussstellen
Motorway with junctions

Autobahn in Bau
Motorway under construction

Mautstelle
Toll station

Raststätte mit Übernachtung
Roadside restaurant and hotel

Raststätte
Roadside restaurant

Tankstelle
Filling-station

Autobahnähnliche Schnellstraße mit Anschlussstelle
Dual carriage-way with motorway characteristics with junction

Fernverkehrsstraße
Trunk road

Durchgangsstraße
Thoroughfare

Wichtige Hauptstraße
Important main road

Hauptstraße
Main road

Nebenstraße
Secondary road

Fernverkehrsbahn
Main line railway

Autozug-Terminal
Car-loading terminal

Bergbahn
Mountain railway

Kabinenschwebebahn
Aerial cableway

Sessellift
Chair-lift

Eisenbahnfähre
Railway ferry

Autofähre
Car ferry

Schifffahrtslinie
Shipping route

Landschaftlich besonders schöne Strecke
Route with beautiful scenery

Alleenstr. Touristenstraße
Tourist route

XI-V Wintersperre
Closure in winter

Straße für Kfz gesperrt
Road closed to motor traffic

8% Bedeutende Steigungen
Important gradients

Für Wohnwagen nicht empfehlenswert
Not recommended for caravans

Für Wohnwagen gesperrt
Closed for caravans

Schloss Sehenswürdigkeit
Object of interest

Badestrand
Bathing beach

Besonders schöner Ausblick
Important panoramic view

Ausflüge & Touren
Excursions & tours

Nationalpark, Naturpark
National park, nature park

Sperrgebiet
Prohibited area

Kirche
Church

Moschee
Mosque

Kloster
Monastery

Schloss, Burg
Palace, castle

Ruinen
Ruins

Leuchtturm
Lighthouse

Turm
Tower

Höhle
Cave

Ausgrabungsstätte
Archaeological excavation

Feriendorf
Tourist colony

Motel
Motel

Jugendherberge
Youth hostel

Allein stehendes Hotel
Isolated hotel

Berghütte
Refuge

Campingplatz
Camping site

Flughafen
Airport

Flugplatz
Airfield

Staatsgrenze
National boundary

Verwaltungsgrenze
Administrative boundary

Grenzkontrollstelle
Check-point

Grenzkontrollstelle mit Beschränkung
Check-point with restrictions

PARIS Hauptstadt
Capital

NANTES Verwaltungssitz
Seat of the administration

A
B
C
1
2
3
4
5
6
Elven
Vraie-Croix
Questembert
Kistreberzh
Berric
Surzur
Muzillac /Muzilheg
Péaule
Billiers
Prières
Damgan
Pénerf
La Roche-Bernard
Rochefort-en-Terre
St-Gravé
Peillac
Cloître de Bodélio
St-Vincent-s.-Oust
Redon
Renac
Brain-sur-Vilaine
Langon
Felgerieg-Veur
Allaire /Alaer
Caden
Lehélec
Béganne
Rieux
Vilaine
Fégréac
Isac
Massérac
Guémené-Penfao
Don
Derval
Treffieux
Marsac
Nozay
Abbaretz
Vay
Saffré
Plessé
Saint-Gildas-des-Bois
Canal de Nantes à Brest
Blain
Glanet
Quilly
Bouvron
Fay-de-Bretagne
Héric
la Groulaie
Missillac
Pénestin
Herbignac
Assérac
Île Dumet
Piriac-sur-Mer
Mesquer
St-Lyphard
St-Joachim
Parc Naturel Régional de Brière
Presqu'île de Guérande
Pontchâteau
Montoir-de-Bretagne
Savenay
Malville
Vigneux-de-Bretagne
Sucé-s.-Erdre
Le Temple-de-Bretagne
Lavau-sur-Loire
La Chapelle-s.-Erdre
La Turballe
Guérande
Pte du Croisic
Le Croisic
Batz-sur-Mer
Korrigans
Le Pouliguen
Careil
Trignac
Donges
Paimbœuf
Cordemais
St-Étienne-de-Montluc
St-Herblain
La Baule-Escoublac
Pornichet
St-Nazaire
Côte d'Amour
St-Brevin-les-Pins
Frossay
Couëron
Le Pellerin
La Montagne
Vue
St-Père-en-Retz
St-Michel-Chef-Chef
Chauvé
Le Pont-Béranger
Bouaye
Les Sorinières
Pte de St-Gildas
Préfailles
Côte de Jade
Pornic
Arthon-en-Retz
Ste-Pazanne
Port-St-Père
Lac de Grand-Lieu
La Bernerie-en-Retz
Pays de Retz
Baie de Bourgneuf
Bourgneuf-en-Retz
Saint-Philbert-de-Grand-Lieu
Fresnay-en-Retz
Machecoul
Saint-Colomban
Corcoué-sur-Logne
Noirmoutier-en-l'Île
Île de Noirmoutier
La Guérinière
Barbâtre
Bouin
Bois-de-Céné
Beauvoir-sur-Mer
Saint-Étienne-de-Mer-Morte
Touvois
La Garnache
Fromentine
La Barre-des-Monts
Challans
Notre-Dame-de-Monts
Le Perrier
St-Christophe-du-Ligneron
Palluau
Saint-Jean-de-Monts
Le Pissot
Apremont
Villeneuve
Sion-sur-l'Océan
Saint-Gilles-Croix-de-Vie
Coëx
Beaulieu-sous-la-Roche
Port-Joinville
Saint-Sauveur
Île d'Yeu
Pte des Corbeaux
La Chaize-Giraud
St-Julien-des-Landes
La Mothe
Brétignolles-sur-Mer
Brem-sur-Mer
Ile-d'Olonne
Olonne-sur-Mer
la Chaume
Les Sables-d'Olonne
Le Port
Jard-sur-Mer
OCÉAN ATLANTIQUE
Pays de la Loire
Loire-Atlantique
Vendée
10 km

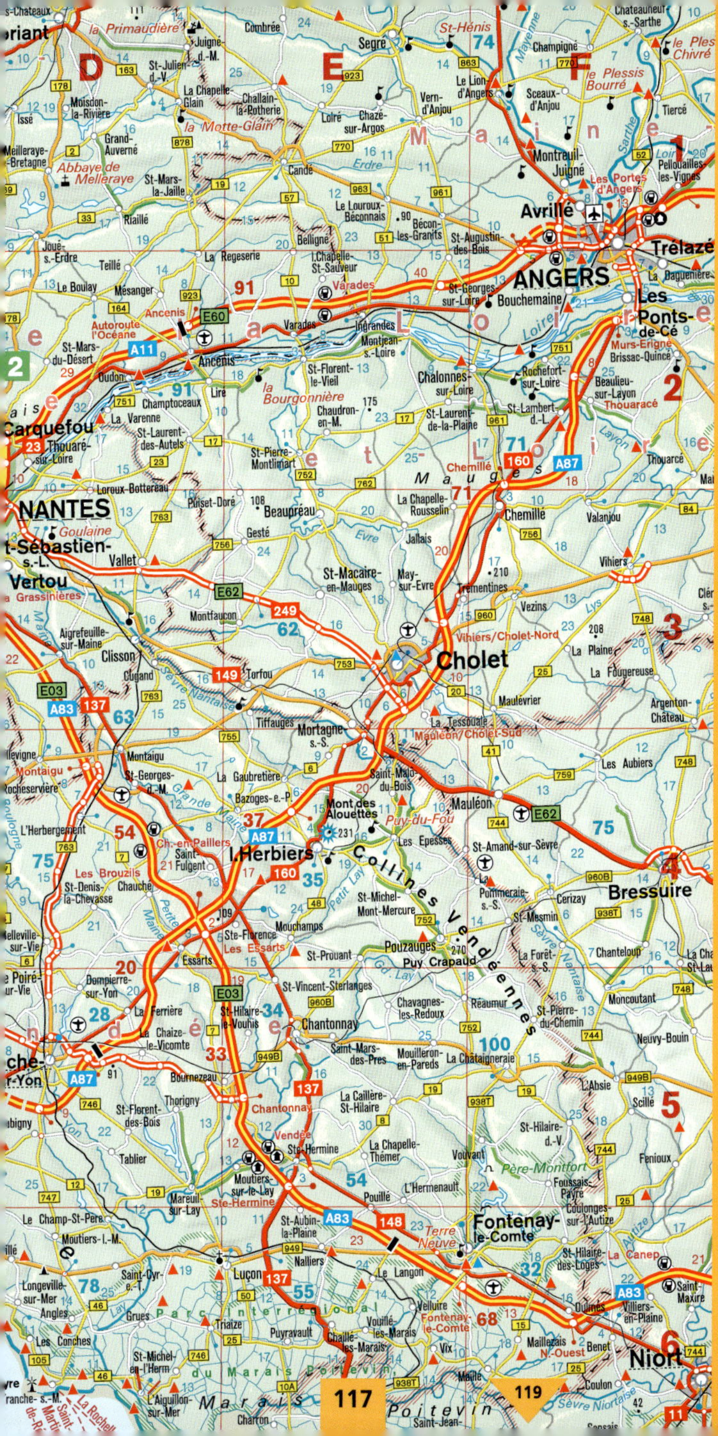

ANGERS
NANTES
Cholet
Bressuire
Niort
Avrillé
Trélazé
Les Ponts-de-Cé
Carquefou
Ancenis
Segré
Candé
Chalonnes-sur-Loire
Chemillé
Beaupréau
Vallet
Clisson
Montaigu
Mortagne-s.-S.
Les Herbiers
Mauléon
Pouzauges
Chantonnay
Fontenay-le-Comte
Luçon
Vihiers
Varades
St-Florent-le-Vieil
Montjean-s.-Loire
Rochefort-sur-Loire
Brissac-Quincé
Thouarcé
St-Macaire-en-Mauges
Montfaucon
Tiffauges
Torfou
Maulévrier
Argenton-Château
Cerizay
Moncoutant
Chaillé-les-Marais
Maillezais
Coulonges-sur-l'Autize
Ste-Hermine
Mareuil-sur-Lay
La Châtaigneraie
Les Essarts
St-Fulgent
Bouchemaine
Montreuil-Juigné
Collines Vendéennes
Mauges
Maine
Loire
Vendée
Puy-du-Fou
Mont des Alouettes
Parc Interrégional du Marais Poitevin
Marais Poitevin
A11
A83
A87
E60
E62
E03

119

A
B
C
116
1
2
3
4
5
6
Les Sables-d'Olonne
Olonne-sur-Mer
la Chaume
Brem-sur-Mer
Île-d'Olonne
la Mothe-Achard
Aubigny
Nieul-le-Dolent
Grosbreuil
Talmont-St-Hilaire
Avrillé
Le Port
Jard-sur-Mer
Longeville-sur-Mer
Angles
Les Conches
Pte du Payre
la Tranche-s.-M.
L'Aiguillon-sur-Mer
St-Michel-en-l'Herm
Thorigny
St-Florent-des-Bois
Tablier
Le Champ-St-Père
Moutiers-l.-M.
Mareuil-sur-Lay
Saint-Cyr-e.-T.
Grues
Triaize
Luçon
Chantonnay
Vendée
Ste-Hermine
Moutiers-sur-le-Lay
St-Aubin-la-Plaine
Nalliers
Puyravault
Chaillé-les-Marais
Vouillé-les-Marais
Le Langon
Velluire
Fontenay-le-Comte
La Caillère-St-Hilaire
La Chapelle-Thémer
Vouvant
Pouillé
L'Hermenault
Terre Neuve
Vix
Maillé
Parc Interrégional du Marais Poitevin
Marais Poitevin
Marans
Charron
Esnandes
Saint-Jean-de-Liversay
Nuaillé-d'Aunis
Courçon
Phare des Baleines
Les Portes-en-Ré
Saint-Clément-des-Baleines
Ars-en-Ré
La Couarde-s.-Mer
Le Bois-Plage-en-Ré
Saint-Martin-de-Ré
Rivedoux-Plage
Île de Ré
Pertuis Breton
Nieul-s.-M.
Lagord
Dompierre-sur-Mer
Ste-Soulle
Vouhé
La Rochelle
La Jarne
Aytré
Buzay
Aigrefeuille-d'Aunis
Angoulins
Châtelaillon-Plage
Croix-Chapeau
Thairé
Puydrouard
Pertuis d'Antioche
Pte de Chassiron
Saint-Denis-d'Oléron
Île d'Aix
Île-d'Aix
Ciré-d'Aunis
Muron
St-Georges-d'Oléron
Boyardville
St-Pierre-d'Oléron
Île Madame
Fouras
St-Laurent-de-la-Pr.
Port-des-Barques
Breuil-Magné
Rochefort
Tonnay-Charente
Lussant
Moëze
St-Hippolyte
Échillais
La Cotinière
Dolus-d'Oléron
Le Château-d'Oléron
Île d'Oléron
Bourcefranc-le-Chapus
Brouage
St-Agnant
la Gataudière
Beurlay
St-Trojan-les-Bains
Marennes
St-Just-Luzac
St-Jean-d'Angle
Pont-l'Abbé-d'Arnoult
La Tremblade
Côte Sauvage
Arvert
Étaules
Nieul-lès-Saintes
Le Gua
Nancras
Les Mathes
Camp Romain
La Grande-Côte
St-Augustin
Breuillet
Saujon
Pte de la Coubre
Saint-Palais-sur-Mer
Meursac
Royan
Côte de Jeauté
Semussac
OCÉAN
ATLANTIQUE
Phare de Cordouan
St-Georges-de-Didonne
Cozes
Pte de Grave
Le Verdon-sur-Mer
Meschers-sur-Gironde
Talmont
Chenac-Saint-Seurin-d'Uzet
Gironde
Soulac-sur-Mer
L'Amélie-sur-Mer
Talais
St-Vivien-de-Médoc
Ermitage de St-Martial
Port-Maubert
Valeyrac
Montalivet-les-Bains
Port-de-By
Queyrac
St-Christoly-Médoc
Vendays-Montalivet
Lesparre-Médoc
St-Seurin-de-Cadourne
St-Estèphe
le Pin-sec
Hourtin-Plage
le Contaut
Lafite
10 km

Parthenay
Poitiers
Niort
Saint-Maixent-l'École
St-Jean-d'Angély
Saintes
Cognac
Angoulême
Ruffec
Melle
Chef-Boutonne
Matha
Jarnac
Barbezieux-Saint-Hilaire
Jonzac
Pons
Mirambeau
Montmoreau-Saint-Cybard
La Couronne
Lusignan
Vivonne
Civray
Sauzé-Vaussais
Mansle
Chalais
Aubeterre-sur-Dronne
Montlieu-
Chevanceaux
Baignes-Ste-Radegonde
Archiac
Châteauneuf-s.-Charente
Rouillac
Aigre
Villefagnan
Lezay
La Mothe-St-Héray
Celles-sur-Belle
Mauzé-sur-le-Mignon
Surgères
Tonnay-Boutonne
Taillebourg
Burie
St-Genis-de-Saintonge
Blaye
Ruines Romaines
Théâtre Gallo-Romain
Chemin de St-Jacques
Les Ruralies
Sèvre Niortaise
Charente
Boutonne
Antenne
Né
Seugne
Trèfle
D
E
F
1
2
3
4
5
6
A10
A83
E05
E603
E606
121

118
122
120
10 km
Valeyrac
Port-de-By
Queyrac
Vendays-Montalivet
Lesparre-Médoc
St-Christoly-Médoc
St-Yzans-de-Médoc
St-Seurin-de-Cadourne
St-Estèphe
Lafite
Mouton-Rothschild
Pauillac
Île Philippe
Mirambeau
Nieul-le-Virouil
Ozillac
Chemin de St-Jacques
St-Bonnet-s-Gironde
Port-des-Callonges
St-Ciers-s.-Gironde
St-Aubin-de-Blaye
Blaye-Mont.
Boisredon
Marcillac
Courpignac
Reignac
Saugon
Anglade
le Pontet
Autoroute l'Aquitaine
St-Savin
Hourtin-Plage
le Pin-sec
le Contaut
Cartignac
Hourtin
Lac d'Hourtin et de Carcans
St-Laurent-Médoc
Île Bouchaud
Blaye
Cussac
Carcans-Plage
Carcans
Maubuisson
Etang de Cousseau
Lamarque
Arcins
Villeneuve
Bourg
Cavignac
Pugnac
Lacanau-Océan
le Moutchic
Lacanau
Brach
Bouqueyran
Castelnau-de-Médoc
Margaux
Cantenac
Siran
Ambès
La Garosse
St-André-
L'Estalot
Lac de Lacanau
Ste-Hélène
Ludon-Médoc
St-Louis-de-Montferrand
Louens
Saumos
le Temple
St-Médard-en-Jalles
Blanquefort
Carbon-Blanc
St-Loubès
le Porge-Océan
le Porge
Eysines
BORDEAUX
Lauros
Cenon
Grand-Crohot-Océan
Martignas-s.-J.
St-Jean-d'Illac
Pessac
Floirac
Gare St. Jean
Lège-Cap-Ferret
Blagon
Mérignac
Gazinet
Arès
Andernos-les-Bains
Taussat
Toctoucau
Pierroton
Villenave-d'Ornon
le Grand-Piquey
Bassin d'Arcachon
Île-aux-Oiseaux
B.-Cestas
Léognan
Martillac
La Brède
Arcachon
Audenge
Marcheprime
Jauge
Pyla-s.-Mer
Gujan-Mestras
Biganos
Le Barp/Marcheprime
Saucats
Les Landes
Cap-Ferret
Cap Ferret
La Teste
Arcachon
Chemin de St-Jacques
Cabanac-et-Villagrains
Podensac
Pilat-Plage
Dune du Pilat
Banc d'Arguin
Mios
Le Barp
Sanguinet/Le Teich
Baillet
Villagrains
Landiras
Guillos
Salles
Parc Nat. Rég.
Cazaux
Salles/Belin-Béliet
St-Magne
Louchats
Hostens
Etang de Cazaux et de Sanguinet
Sanguinet
Lugos
Belin-Béliet
Origne
Biscarrosse-Plage
Belin-Béliet
Landes des
Le Tuzan
St-Symphorien
Villandraut
Lilaire
le Muret
Biscarrosse
Saugnacq-et-Muret
Saugnacq-et-M.
Belhade
Préchac
Parentis-en-Born
Zone interdite militaire
Etang de Biscarrosse et de Parentis
Moustey
Petite Leyre
Bourideys
Gastes
Ychoux
Canteloup
Liposthey
Sore
Esleys
Pissos
Gascogne
Callen
Ste-Eulalie-en-Born
Pontenx-les-Forges
Luxey
Etang d'Aureilhan
Grande Leyre
Mimizan-Plage
Lüe
Labouheyre
Trensacq
Mimizan
Ecomusée de Marquèze
Escource
Bias
Sabres
Escource Cap de Pin
Solférino
Contis-Plage
Lestage
Labrit
Onesse-et-Laharie
Luglon
Uza
Mézos
Onesse
St-Julien-en-Born
Laharie
Garein
Brocas
Lit-et-Mixe
Lévignacq
Arengosse
A63
A62
A660
E05
E70
E606
E72

D
E
F
1
2
3
4
5
6
Baignes-Ste-Radegonde
Deviat
St-Félix
Montmoreau-Saint-Cybard
Juignac
Gout-Rossignol
La Tour-Blanche
Léguillac-de-Cercles
Brantôme
Ruines Romaines
Montboyer
Brossac
Bors
Verteillac
Paussac-et-St-Vivien
Bourdeilles
Chevanceaux
St-Séverin
Celles
Chalais
Aubeterre-sur-Dronne
Bourg-du-Bost
St-Méard-de-Drône
Lisle
Montlieu-la-Garde
Martron
Festalemps
Ribérac
Tocane-Saint-Apre
Mensignac
Château-l'Évêque
Chancelade
Montguyon
Boscamnant
Parcoul
St-Aulaye
Vanxains
St-Aquilin
Périgueux
Razac-sur-l'Isle
Bédenac
La Roche-Chalais
Double
Servanches
St-Vincent-de-Connezac
St-Germain-du-Salembre
St-Astier
Coursac
P.-Ouest
P.-Est
Valin
St-Aigulin
Échourgnac
Neuvic
St-Michel-de-Double
Lapouyade
St-Barthélemy-de-Bellegarde
Eygurande-Gardedeuil
St-Antoine-sur-l'Isle
St-Laurent-des-Hommes
Grignols
Bordas
Vergt
Guîtres
Coutras
St-Médard-de-Guizières
Le Fieu
Montpon-Ménestérol
Mussidan
Villamblard
Pont-St-Mamet
St-Denis-de-Pile
Tripoteau
Lussac
Les Billaux
Les Palombières
St-Géry
Les Lèches
Périgord
Clermont-de-Beauregard
Libourne
Saint-Émilion
Villefranche-de-Lonchat
St-Rémy
Bosset
Lunas
Pourpre
Liorac-sur-Louyre
Lamonzie-Montastruc
St-Pey-d'Armens
Castillon-la-Bataille
Montaigne
St-Méard-de-Gurçon
le Fleix
Bergerac
Lembras
Montcaret
Ste-Foy-la-Grande
Prigonrieux
Branne
St-Jean-de-Blaignac
Pujols
Gardonne
Chemin de St-Jacques
Monbazillac
Bridoire
Tizac-de-Curton
Rauzan
Faux
Sigoulès
Bouniagues
Soussac
Pellegrue
Margueron
Puyguilhem
Sadillac
Issigeac
Escoussans
St-Brice
Sauveterre-de-Guyenne
Esclottes
St-Jean-de-Duras
Duras
Eymet
Castillonnès
St-Martin-de-Lerm
Monségur
Mourens
St-Laurent-du-Bois
Bagas
Lévignac-de-Guyenne
Lauzun
Ste-Croix-du-Mont
La Réole
Castelnau-sur-Gupie
Miramont-de-Guyenne
Montignac-de-Lauzun
Lougratte
Caudrot
St-Macaire
Langon
Fondet
Lachapelle
Seyches
Armillac
Monbahus
Cancon
Ste-Bazeille
Marmande
Puymiclan
le Bazadais
Auros
La Réole
Autoroute des 2 Mers
Tombebœuf
St-Pastour
Verteuil-d'Agenais
Aillas
Fauguerolles
Monclar
Villeneuve-sur-Lot
Bazas
Cocumont
Marmande
Fourques-s.-G.
Garonne
Le Mas-d'Agenais
Castelmoron-sur-Lot
Chemin de St-Jacques
Grignols
Bouglon
Tonneins
Ste-Livrade-sur-Lot
Beaulac
Clairac
Razimet
Montpezat
Lerm-et-Musset
Antagnac
Casteljaloux
le Queyran
Bourran
St-Michel-de-Castelnau
Lot-et-Garonne
Damazan
Aiguillon
Prayssac
la Croix-Blanche
Pindères
Giscos
Anzex
Port-Ste-Marie
Buzet-sur-Baïse
Aiguillon
Pompogne
Fargues-s.-O.
Colayrac-St-Cirq
Maillas
Agen
Pont-du-Casse
Allons
Houeillès
Xaintrailles
Feugarolles
Lavardac
Bruch
Agen-Porte-d'A.
Moncaut
Prades
Albret
Durance
Château Henri IV
Séguinot
Nérac
Layrac
Bergonce
Lubbon
Boussès
Laplume
Autoroute des 2 Mers
Losse
Réaup-Lisse
Gélise
Retjons
Mézin
Francescas
Astaffort
Vielle-Soubiran
Lapeyrade
Ligardes
Roquefort
Créon-d'Armagnac
Sos
Lannes
Moncrabeau
Maridac
Gers
St-Justin
St-Meille
Ste-Mère

A
B
C
1
2
3
4
5
6
10 km
OCÉAN ATLANTIQUE
Golfe de Gascogne
La Côte d'Argent
Côte Basque
Biscarrosse-Plage
Biscarross
Zone militaire interdite
Etang de Biscarrosse et de Parentis
Gastes
Esleys
Ste-Eulalie-en-Born
Etang d'Aureilhan
Mimizan-Plage
Mimizan
Bias
Contis-Plage
Uza
Mézos
St-Julien-en-Born
Lit-et-Mixe
Lévignacq
St-Girons-Plage
St-Girons-en-Marensin
Lesperon
Linxe
Etang de Léon
Castets
Léon
Moliets-Plage
Moliets-et-Maa
Vieux-Boucau-L.-B.
Azur
Magescq
Herm
Etang de Soustons
Soustons
le Penon
St.-Geours-de-Maremne
Tosse
Hossegor
Seignosse
Capbreton
St-Vincent-de-Tyrosse
Saubusse
Bénesse-Maremne
St-Jean-de-Marsacq
Labenne-Océan
Labenne
Ondres-Plage
Ondres
Biarrotte
Boucau
St-Martin-de-Seignanx
Hastingues
Bayonne
Anglet
Biarritz
Mouguerre
Briscous
Urt
Guiche
Bidache
Bidart
Guéthary
St.-Jean-de-Luz
Ciboure
Urrugne
Hondarribia
Irún
Hendaye
DONOSTIA SAN SEBASTIÁN
Pasai Donibane
Pasai San Pedro
Renteria
Elizalde
Oiartzun
Ahetze
Ascain
Saint-Pée-sur-Nivelle
Ustaritz
Cambo-les-Bains
Hasparren
Labastide-Clairence
Ayherre
Arraute
Grottes d'Isturitz et d'Oxocelhaya
St.-Esteben
Hélette
Meharin
Espelette
Itxassou
Artzamendi
Louhossoa
Sare
Ainhoa
Dantxarinea
Urdax
la Rhune
Vera de Bidasoa
Lesaca
Hernani
Andoain
Cuevas de Landarbaso
Emb. de Añarbe
Cueva de las Brujas
Echalar
Castillo de Aizcolegui
ESPAÑA
Puerto de Otsondo
St.-Étienne-de-Baïgorry
Irissarry
Ossès
St.-Jean-Pied-de-Port
Lacarre
St.-Jean-le-Vieux
Villabona
Goizueta
Arizcun
P. Nat. Señorío de Bértiz
Elizondo
Oronoz
Puerto de Izpegui
Berastegi
Puerto de San Anton
Zubieta
Santesteban
Irurita
Ezcurra
Urroz de Santesteban
Leiza
Aldudes
Urepel
Banca
Valcarlos
Arnéguy
Estérencuby
Roncesvalles
Lecumberry
Route des Pyrénées
Chemin de St-Jacques
Autoroute Côte Basque
Pays Basque
A63
A64
A641
A15
N121A
N130
N135
E05
E70

D
E
F
121
1
2
3
4
5
6
Belin-Béliet
Lilaire
le Muret
Saugnacq-et-M.
Saugnacq-et-Muret
Moustey
Ychoux
Liposthey
Pissos
Gascogne
Petite Leyre
Grande Leyre
Le Tuzan
Belhade
Villandraut
St-Symphorien
Préchac
Bourideys
Bazas
Beaulac
Chemin de St-Jacques
Lucmau
Lerm-et-Musset
Aillas
Grignols
Antagnac
St-Michel-de-Castelnau
Sore
Callen
Luxey
Captieux
Giscos
Maillas
Allons
Ciron
Lüe
Labouheyre
Trensacq
Ecomusée de Marquèze
Sabres
Solférino
Lestage
Luglon
Labrit
Traverses
Bergonce
Retjons
Losse
Lencouacq
Cachen
Vielle-Soubiran
Lapeyrade
Roquefort
Créon-d'Armagnac
Garein
Brocas
Onesse-et-Laharie
Laharie
Morcenx
Arengosse
Ygos-St-Saturnin
Uchacq-et-Parentis
St-Justin
Labastide-d'Armagnac
Cazaubon
Villenave
Rion-d.-L.
St-Martin-d'Oney
Mont-de-Marsan
Carcen-Ponson
Saint-Yaguen
Villeneuve-de-Marsan
Estang
Ravignan
Laluque
Tartas
Midouze
Saint-Perdon
Le Leuy
Saint-Gein
Monlezun-d'Armagnac
Ludon
Midou
Douze
Pontonx-s.-l'Adour
Souprosse
Grenade-s.-l'Adour
Le Houga
Nogaro
Adour
Mugron
Saint-Sever
Cazères-sur-l'Adour
Montfort-en-Chalosse
St-Aubin
Coudures
Eugénie-les-Bains
Aire-sur-l'Adour
Termes-d'Armagnac
Hinx
Hagetmau
St-Germé
Riscle
Cahuzac-s.-A.
Clermont
St-Cricq-Chalosse
Chemin de St-Jacques
Samadet
Geaune
Pomarez
Maumusson-Laguian
Pouillon
Amou
Castaignos-Souslens
Miramont-Sensacq
Sarron
Tilh
Habas
Sault-de-Navailles
Arzacq-Arraziguet
Garlin
Castetpugon
Madiran
Puyoô
Orthez
Hagetaubin
Morlanne
Méracq
Arricau-Bordes
Salles-de-B.
Salles-de-Béarn
Arthez-de-Béarn
Argagnon
Mazerolles
Lembeye
Oraàs
L'Hôpital-d'Orion
Lacq-Audejos
Cescau
Bournos
Escoubès
Sauveterre-de-Béarn
Loubieng
Lacq
Artix
Navailles-Angos
Bernadets
Baleix
Chemin de St-Jacques
Lagor
Bugnein
Mourenx
Noguères
Buros
Morlaàs
Montfort
Pyrénées
Gave de Pau
Lescar
Pau
Montaner
Etcharry
Navarrenx
Arrien
Séron
Sus
Lucq-de-Béarn
Monein
PAU
Soumoulou
Lohitzun
Undurein
Moncayolle
Lacommande
Jurançon
Ousse
Ger
Assat
Soumoulou
Mauléon-Licharre
L'Hôpital-St.-Blaise
Geüs-d'Oloron
Poey-d'Oloron
Lasseube
Gan
Boeil-Bezing
Espoey
Oloron-Ste.-Marie
Nay-Bourdettes
Les Pyrénées
Bénéjacq
Pontacq
Musculdy
Herrère
Ossun
Sauguis-St. Etienne
Rébénacq
Asson
Lestelle-Bétharram
Loubajac
Ade
Tardets-Sorholus
Aramits
Asasp-Arros
Buzy
Bruges
St-Pé-de-Bigorre
Camou
Arudy
Arthez-d'Asson
Grottes de Bétharram
Lourdes
Licq-Athérey
Arette
Escot
Louvie-Juzon
Bielle
Sarrance
Agos
Luga
123
E80
E07
10
134
124
117
40
65
68
33
55
103

Im Register sind alle in diesem Reiseführer erwähnten Orte und Ausflugsziele verzeichnet. Halbfette Seitenzahlen verweisen auf den Haupteintrag, kursive auf ein Foto.

Schreiben Sie uns!

Liebe Leserin, lieber Leser,

wir setzen alles daran, Ihnen möglichst aktuelle Informationen mit auf die Reise zu geben. Dennoch schleichen sich manchmal Fehler ein – trotz gründlicher Recherche unserer Autoren/innen. Sie haben sicherlich Verständnis, dass der Verlag dafür keine Haftung übernehmen kann. Wir freuen uns aber, wenn Sie uns schreiben.

Senden Sie Ihre Post an die MARCO POLO Redaktion, MAIRDUMONT, Postfach 31 51, 73751 Ostfildern, info@marcopolo.de

Impressum

Titelbild: Grande Plage in Biarritz (HB Verlag: Huber)
Fotos: W. Dieterich (2 o., 5 l., 5 r., 12, 56, 57, 63, 67, 73); Gamma/laif: Rougemont (51); HB Verlag: Huber (U. M., 7, 24, 25, 45, 97, 113); Hemisphères/laif: Cintract (47), Giraudou (40), Renault (48), Suetone (43), Wysocki (53); Bildagentur Huber: (76), Damm (78), Stadler (27, 34, 37); laif: Amme (4, 60, 69, 72, 98, 101), Huber (U. r., 102), Heuer (17, 22, 90); P. Spiegelhalter (2 u.); O. Stadler (U. l., 1, 16, 26, 28, 31); T. Stankiewicz (20, 38, 55, 77, 80, 82, 85, 86, 87, 88, 92, 93); Vintage: Jüttner (9, 15, 83, 94); E. Wrba (6, 11, 18, 32, 35, 65, 71, 75)

1. (8.), komplett neu erstellte Auflage 2007 © MAIRDUMONT, Ostfildern
Herausgeber: Ferdinand Ranft, Chefredakteurin: Marion Zorn
Redaktion: Nikolai Michaelis, Bildredaktion: Gabriele Forst
Kartografie Reiseatlas: © MAIRDUMONT, Ostfildern
Vermarktung: MAIRDUMONT MEDIA, media@mairdumont.com, Gestaltung: red.sign, Stuttgart
Sprachführer: in Zusammenarbeit mit Ernst Klett Sprachen GmbH, Stuttgart, Redaktion PONS Wörterbücher

Printed in Germany. Gedruckt auf 100% chlorfrei gebleichtem Papier

Bloß nicht!

Die Atlantikküste ist ein sicheres Reiseziel. Doch gibt es ein paar Dinge, die Sie vermeiden sollten

Zigarettenkippen wegschnipsen
Die Waldbrandgefahr ist im Südwesten Frankreichs mit seinen riesigen Kiefern- und Pinienwäldern eine sehr reale Bedrohung. Entsprechend vorsichtig sollten Sie mit Feuer und Glut umgehen.

Im Restaurant getrennt bezahlen
Das ist in Frankreich nicht üblich und macht dem Kellner jede Menge Kopfzerbrechen. Besser: Einer zahlt für alle, und abgerechnet wird danach.

»Monsieur« und »Madame« unterschlagen
Es klingt ja auch viel netter: *Bonjour, Madame!, Merci, Monsieur!* Und in Frankreich gehört diese freundliche Anrede unter Fremden einfach zum guten Ton.

Die Kraft des Atlantiks unterschätzen
Auch bei schönem Wetter und ruhiger See gibt es viele Stellen an der Atlantikküste, wo gefährliche Strömungen selbst trainierte Schwimmer in Schwierigkeiten bringen können. Baden Sie daher nur an bewachten Stränden *(plages surveillées)*, und achten Sie auf die Beflaggung: Bei grüner Fahne ist der Weg ins Wasser frei, es besteht keine Gefahr. Gelborange bedeutet, dass das Baden gefährlich ist, aber ein Rettungsschwimmer *(poste de surveillance)* Dienst tut. Eine rote Fahne bedeutet, dass das Baden verboten ist. Blaue Fahnen markieren die bewachten Abschnitte. Tückisch können die starken Gezeitenunterschiede an der gesamten Küste sein. Bei Ebbe zieht sich das Wasser bisweilen sehr schnell und mit regelrechter Sogwirkung zurück. Läuft dagegen die Flut auf, legt sie dabei in der Regel ein beachtliches Tempo vor: etwa das eines Fußgängers. Halten Sie sich zu diesem Zeitpunkt auf einer Sandbank auf, können Sie schnell abgeschnitten werden, wenn das Wasser in tiefe Priele *(baine)* läuft. Achten Sie unbedingt auf entsprechende Warnhinweise!

Hunde am Strand laufen lassen
Hunde werden während der Saison an vielen Stränden nur früh am Morgen oder am Abend geduldet. Achten Sie auf entsprechende Aushänge! Allerdings gilt das Verbot nur an den bewachten Stränden der Kommunen, an freien Küstenabschnitten dürfen Sie Ihren Hund laufen lassen.

Käse zerfleddern
Wenn Sie im Restaurant oder bei Ihren Gastgebern an die Käseplatte gebeten werden, säbeln Sie keine Scheiben, sondern schneiden Sie Tortenstücke heraus.